图像里的中国
China in Pictures

古人的生活

王海晨 杨晓虹 王希哲 编著

上海科学技术文献出版社
Shanghai Scientific and Technological Literature Press

图书在版编目（CIP）数据

古人的生活 / 王海晨，杨晓虹，王希哲编著 . —上海：上海科学技术文献出版社，2019 (2021.3重印)
（图像里的中国）
ISBN 978-7-5439-7864-5

Ⅰ.① 古… Ⅱ.① 王…② 杨…③ 王… Ⅲ.① 社会生活—历史—研究—中国—古代 Ⅳ.① D691.9

中国版本图书馆 CIP 数据核字（2019）第 066861 号

策划编辑：张　树
责任编辑：李　莺
封面设计：樱　桃

古人的生活
GUREN DE SHENGHUO
王海晨　杨晓虹　王希哲　编著
出版发行：上海科学技术文献出版社
地　　址：上海市长乐路 746 号
邮政编码：200040
经　　销：全国新华书店
印　　刷：昆山市亭林印刷有限责任公司
开　　本：720×1000　1/16
印　　张：10.75
字　　数：153 000
版　　次：2019 年 5 月第 1 版　2021 年 3 月第 2 次印刷
书　　号：ISBN 978-7-5439-7864-5
定　　价：58.00 元
http://www.sstlp.com

图像里的中国
TUXIANG LI DE ZHONGGUO
古人的生活

目 录
CONTENTS

史前宗教及对后世的影响 / 2
日常生活 / 16
日常器具 / 44
娱乐与体育 / 52
女性教育 / 58
婚姻与丧葬 / 62
古代交通工具 / 74
陶瓷与玉器 / 90
古代钱币 / 102
民间玩具 / 116
古代兵器 / 126
传统节日 / 136

古人的生活

史前宗教及对后世的影响

牛河梁女神庙遗址

从远古到文字出现之前的这段漫长的时间里,中国人信仰的表现形态多为自然崇拜、灵魂崇拜、图腾崇拜、生殖崇拜和祖先崇拜等。各种崇拜及其发展脉络一般都经历了从参与具体崇拜活动到抽象神灵观念形成的演变过程。

这些崇拜在今天看来似乎都包裹在厚厚的蒙昧纱雾之中,但它却是中国人思想的开端,是中国宗教的肇始。后世中国人的许多信仰、民俗、礼仪都与史前宗教有关。

史前宗教的存在没有文字可考,主要是通过地下发掘、研究石器时代以来各种原始文化遗址(如原始村落、洞穴岩画、墓葬遗物、祭坛雕像等)推断出来的。此外,中国一些少数民族中也保存着某些原始宗教现象。尚存的文化遗址和地处偏远山区的少数民族的崇拜活动,已经成为人们考察史前宗教的重要对象,也是确证史前宗教真实形态的重要依据。

史前宗教及对后世的影响

牛河梁女神庙遗址出土的泥塑女神头像

在中国辽宁一个叫牛河梁的地方，有一座距今5000—6000年前的女神庙。女神庙长约22米，宽在2至9米之间，平面呈"亞"字形，属于半地穴式建筑遗存。其地上建筑已经不复存在了，地下部分则保存得十分完整。从地下部分可以清楚地看出，地上建筑由处在同一中轴线上的两组建筑组成，一组在北部，多室；另一组在南部，单室，已初步显现出殿堂的雏形。

女神庙出土了大量泥塑人像碎块，这些人像已经被确定是庙内供奉的神像，分别相当于真人的2倍和3倍，好像是依次递增的三个等级。相当于真人3倍的女神像残件位于主室中心，据专家推断，这可能是庙内的主神。在女神庙的四周，环绕着石头砌成的祭坛和积石冢形成一个统一而完整的祭祀中心。到过现场的人们，大多会自然地想像出数千年前，红山人沿着山路，从四面八方而来相聚的情景，他们围绕神庙翩翩起舞，表达对女神的祝福与祈祷。

女神庙和那尊女神头像，展示了中国人祖先的早期思维，让见过它的人们想到了原始宗教。

自然崇拜

自然崇拜是远古社会中的普遍现象。自然崇拜与人的生存环境有着密切的关系,一般崇拜对象都是对本部落生产与生活影响最大的自然物和自然力。靠山的供山神,靠海的供海神,田野农民必供土地神。一方人供一方神,各有所求。

天象崇拜

中国古代很早就有祭祀太阳和月亮的宗教礼俗。在古人的观念中,太阳和月亮代表着世界的两极,在时间和空间上,太阳一般代表白天和东方,月亮则代表夜晚和西方。

在中国各民族的神话中,太阳和月亮的喻义是不同的,汉族常把太阳和月亮说成是恩爱夫妻或孪生兄妹;哈萨克族常把太阳和月亮说成是一对难以相会的恋人,一个在白天出

《伏羲女娲手举日月图》,四川宝子山汉代石棺画像

《伏羲女娲手举日月图》,四川合江张家口二号墓出土

现,一个在黑夜中升起,彼此相爱却不能相见;高山族神话中的月亮则是由原来的两个太阳中被射伤的那个转变而来的。

月亮作为女性的象征可能肇始于人类原始的女性生殖崇拜时期。中国神话中创造人类的始祖"女娲"就是月神,在汉墓砖画中,伏羲手捧太阳,女娲手捧月亮。远古人以为,女人和月亮有着相似的阴柔本性,而且还有与月亮亏盈周期一样的月经期,因此月亮成为了女性的化身。

彩陶太阳纹罐,高16厘米,直径17厘米,1999年甘肃临洮出土,距今3100年—3400年前后

以太阳和月亮作为崇拜的对象,可能从农业起源时就已经出现。在大汶口文化的陶尊上就发现了日、月崇拜的图案。在河南郑州大河村仰韶文化的彩陶上,出现了绘有日月星辰的图案,其中以太阳纹的图案最多。

中国的岩画资料中也有拜日月祭天的场面。江苏连云港将军崖岩画最为突出的就是刻有太阳、月亮、星星的天体图案,说明远古人十分崇拜太阳和太阳神,也很崇拜月亮和月亮神。

对太阳的崇拜不仅表现在绘画、石刻上,而且还将太阳赋予了神性。人们通过各种仪式来表达对太阳的虔敬之心,希冀得到太阳的庇护。有些地区直到现在还有人在太阳升起的时候向太阳作揖、跪拜。崇日仪式自古就有,后经不断规范,形成了在固定时间、固定地点举行的祭日仪式。中国历朝历代都很重视祭日仪式,在明、清两代达到高潮,每年春分这一天都要举行祭日大典,或皇帝亲祭,或由大臣代祭。

古人的生活

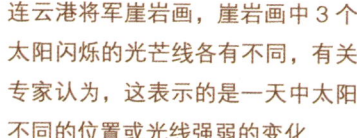

连云港将军崖岩画，崖岩画中3个太阳闪烁的光芒线各有不同，有关专家认为，这表示的是一天中太阳不同的位置或光线强弱的变化

　　古代帝王的祭日场所大多设在京郊，现在北京的这座日坛建于明嘉靖九年（1530）。它被正方形的外墙围护，日坛在整个建筑的南部，坐东朝西，这是因为太阳从东方升起，人要站在西方向东方行礼的缘故。坛为圆形，坛台1层，直径33.3米，周围砌有围墙，东、南、北各有棂星门1座。墙内正中用白石砌成一座方台，叫做拜神坛，明朝建成时，坛面用红色琉璃砖砌成，以象征太阳。

　　北京有日坛、月坛，但从帝王的祭祀规模和隆重程度上看，对于历代帝王而言，最重要的是天坛和地坛，尤其是天坛。在四坛中，至今保护最完好的也是天坛。

　　天坛，是古代帝王祭天的地方。天坛实际上是由原始人在泰山山顶上筑台祭天演变而来的。

　　中华民族自古以来就有"泰山安则天下安"之说，所以，中国人一直视泰山为神山、圣山。早在原始社会，古人就曾在泰山顶上通过点燃柴火的方式与天神沟通，由此演变成后来的历代帝王在泰山顶上筑圆台祭天、在山下筑方台祭地，祈求泰山保江山平安的习俗。在泰山主峰之巅建有玉皇殿，

北京日坛棂星门
北京日坛,坐落在北京朝阳门外,又叫朝日坛,是明清两代皇帝在春分这一天祭祀大明神(太阳)的地方

匾额上题有"柴望遗风"四字。"柴",指烧柴燃火;"望",是一种原始的自然崇拜祭祀形式,说明古人曾在此处燔柴祭天。殿前立一"古登封台"石碑,说明这里是历代帝王登封泰山时设坛祭天之处。

2005年5月,在山西省一仙翁庙内,发现了一组约130平方米的元代壁画,壁画描绘的是唐玄宗李隆基在泰山封禅时的场面。此画十分珍贵,因为在中国石窟壁画和寺庙壁画中,描绘帝王形象的极为罕见。

天坛祈年殿

泰山"古登封台"石碑

明清两代帝王，建都北京，也许是因为北京距离泰山太远，交通不便，附近又没有比较雄伟的高山，就在皇宫不远的地方堆了一个土堆，代替泰山顶上的圆坛。由于明清两代距离今天较近，这处古迹被完好地保存下来。

北京的天坛十分雄伟，高高的祭坛被各种白色大理石雕刻、装点得庄严肃穆。坛面正中有一块圆石，以这块圆石为圆点向外铺了9层石条，每层都是9的倍数，如第一层9块，第二层18块，最后一层81块。站在坛的中央，确实有一种近天之感。天坛正北方，有一大殿，号"祈年殿"，顾名思义，这是皇帝祭天时祈祷农业丰收、风调雨顺、国家安泰的地方。祈年殿下有"三音石"，四周有"回音壁"，也算是名胜。祈年殿实际上是个神殿，里面供奉着各种天神，有管风的，有管雨的，也有管平安的。一个个天神法相肃穆，个头足有2米，或威武，或庄严，或高深莫测，给人一种威严震慑的感觉。

知识窗

泰山封禅

泰山封禅是一种绵延数千年的祭祀性礼仪活动。"封"是在泰山顶上聚土筑圆坛,以祭祀天神,报答上苍爱天下之功;"禅"是在泰山脚下聚土筑方台(一说扫除一片净土)以祭祀地神,报答大地赐福之恩。古人认为"天以高为尊,地以厚为德""天高不可及,于泰山上立封禅而祭之,冀近神灵也",祈愿"天地交泰"。于是,帝王为答谢上天的"受命"之恩,都到接近天神的泰山之巅,积土筑坛,增泰山之高以祭天,表示功归于天;然后,再到泰山脚下接近地祇的小山丘设坛祭地,表示厚上加厚,福广恩厚以报地。这就是历代帝王热衷的泰山封禅活动。

泰山封禅,可溯源于原始人群对自然山川的崇拜。伏羲氏、神农氏、炎帝、颛顼氏、帝喾、尧、舜、禹等古代比较强大的部落首领,都到泰山举行过祭祀活动。

山川崇拜

在原始人眼中,几乎每一座山都是神人居住之所,每一条河都有神灵深藏,每一片土地都是神慷慨所赐,每一块巨石都有避邪保安之威。

河伯出行画像石,东汉

图像里的中国 TUXIANG LI DE ZHONGGUO

古人的生活

知识窗

石敢当

石敢当是远古人们对灵石崇拜的遗俗。在今天的中国农村,许多路冲处,或正对巷口、桥梁的地方,常立有石碑一块,上刻"石敢当"三字,以降恶避邪,禁压不祥。

福建莆田曾发掘出一块唐代大历五年(770)的石刻,上刻"石敢当,镇百鬼,压灾殃,官吏福,百姓康,风教盛,礼乐张"等字样。

石敢当

动植物崇拜

在远古时期内,人们以狩猎和采集为生。然而,原始狩猎和采集的生活是极其艰难的,于是,人们便把希望寄托在所要采集的植物和所要猎取的动物上,这种幻想和希望逐渐演化成精神寄托和信仰。所以便出现了对动植物的崇拜。

家畜为何凶猛?

家畜是经过人类驯化的动物,大多野性所剩无几。但是为什么在人们印象中老老实实的绵羊在古代铜器中却透出几分威猛?

远古人害怕妖魔鬼怪,家畜本身也是妖魔鬼怪侵害、掠食的对象,如果让它们看起来很凶猛,那么妖魔鬼怪就会因为害怕而不敢伤害它们,所以商代的羊尊在华丽的表面透出一种威猛。这就是在原始巫术和造型

舞草龙

艺术里，许多家畜显得狰狞可怖的原因，这也是先民跟自然界打交道、作斗争的重要"策略"。

布依族认为古时人类没有谷种，是狗千辛万苦从天王的晒谷场上把谷种带来的。因此，他们视狗为神异动物。每年祭祖后都要祭狗，感谢狗给人类带来粮种。

侗族人认为蛇既可以降灾于人，又可以赐福于人，因此，他们普遍信仰蛇神，禁止吃蛇。在干旱或虫灾之年，人们以村为单位"舞草龙"，希望以此驱灾。

玉猪龙，红山文化

彩陶缸，绘《鹳鱼石斧图》
新石器时代。器高 47 厘米，口径 32.7 厘米。河南省博物院藏。器物的腹部，描绘了一只高脚长喙的鹳鸟口中衔鱼，一侧画着一个竖直的石斧。鹳鸟通身白羽，不勾轮廓，用白彩涂出，黑线画出炯炯有神的眼睛，鱼则勾线绘出，形象质朴而生动。鹳鸟和鱼可能表现两个不同的氏族，石斧则寓示氏族首领的权威，作品具有原始宗教和巫术的色彩

古人的生活

稷神崇拜

植物崇拜中最典型的是稷神崇拜。稷，被古人尊为"百谷之主""五谷之长"。古代中国祭祀稷神的规格很高。西汉的典籍中明确规定，王者祭稷之礼和祭祖之礼相同。自汉代起，中国郡县一级设稷神祭坛，明朝改为里（乡）每百户人家设一个稷神方坛，命百姓祭五谷之神。清代民间求雨也到祭坛祭祀稷神。

古代中国的稷信仰在中国北方遗存至今，足以证明麦黍文化的根基所在。

江苏连云港将军崖《稷神崇拜图》，新石器时代岩画，长280厘米，宽400厘米，石器磨刻。此图把植物人格化，由禾、田、人组成，正是稷神的形象化

图腾崇拜

图腾崇拜是人类历史上极为古老而奇特的文化现象之一。中华各民族，包括早已消亡的古代民族几乎都有此经历，有些民族近现代仍有传承，甚至至今还残迹可见。

图腾产生于氏族形成之后，原始人相信每个氏族都与某种动物植物或其他自然物有着特殊关系，一般以动物居多。作为氏族图腾的动物（如熊、狼、蛇……），既是该氏族的神圣标志，也为该氏族之忌物，禁杀禁食。将图腾作为神圣标志，氏族要举行崇拜仪式，以促其繁衍。图腾崇拜把人的灵魂思想、鬼魂观念及祖先崇拜等转移到了动植物等自然物上，当然，这种转移又同他们的原始生活（即狩猎）及原始农耕密切相关。

湖南长沙楚墓出土的帛画《龙凤仕女图》。画面主旨是祈求奋飞向上的龙凤引导墓主的灵魂早日升仙

古人的生活

新石器时代文化遗址中发现的男性生殖崇拜物——石祖、陶祖

红山文化出土的陶塑孕妇

生殖崇拜

生殖崇拜作为一种社会现象,曾普遍存在于人类社会的早期。生殖崇拜表现了先民对自己生命来源及诞生方式的探索,众多原始社会遗址中均发现过陶祖、石祖等生殖崇拜的"遗物"。

黄河中下游地区,母系氏族聚落遗址经常发现以生殖器、孕妇为主题的陶器、绘画和雕塑,充分表达了古人对繁衍后代的重视和渴望。

如江山文化出土的陶塑孕妇,其头部已不存在,腹部隆起,臀部肥大,较好地表现了孕妇的生理特征,寄托着红山人对大地母神、农业丰收、万物生育的虔诚祝愿,反映了原始文明中的巫术活动和生殖崇拜。

相关链接

黄帝陵

黄帝陵是中华民族共同的祖先轩辕黄帝陵墓。

传说黄帝葬于陕西桥山。桥山位于黄陵县城北1千米。陵冢在桥山之巅,桥山有沮水环绕,群山环抱,古柏参天,有大路可通山顶直至陵前。山顶立一石碑,名为下马石,上刻"文武百官到此下马"字样。古代凡祭陵者,均须在此下马,步行至陵前,陵前有一祭亭,亭中立一高大石碑。祭亭后面又有一块石碑,上书"桥山龙双"四字。

黄帝陵冢四周古柏成林,幽静深邃。中国历代政府对保护黄帝陵古柏都很重视,宋、元、明、清都有保护黄帝陵的指示或通令。

祖先崇拜

以祖先亡灵为崇拜对象的宗教形式,最初可能始于原始人对同族死者的某种追思和怀念,后来人们逐渐产生了前辈长者的灵魂可以庇佑本族成员、赐福儿孙的观念,并开始祭拜、祈求其祖宗亡灵的宗教活动。

祖先崇拜超越了图腾崇拜和生殖崇拜的认识局限,不再用动植物等作为其氏族部落的标志,而代之以氏族祖先的名字,由此使原始宗教从自然崇拜上升为人文崇拜。

北京太庙,占地面积13.9万平方米,南北长475米,东西宽249米。太庙的建筑群共有三重围墙,在第一重和第二重围墙之间是浓郁古老的柏树,清幽宁静的环境使人产生沉静严肃的感觉。每逢登基、亲政、监国、摄政、大婚、上尊号或徽号、万寿、册立、凯旋、献俘等,皇帝、嫔妃均到此祭祀

日常生活

 古代服饰

服饰是伴随人类进化、社会的进步而产生的。中华民族同世界上许多古老民族一样，其服饰不仅经历了一个产生、发展、变化的历史，而且以其独特的文化内涵令世界瞩目。

服饰的演变

华夏民族的祖先从什么时候开始穿衣服的，不得而知。《史记》记载"黄帝之前，未有衣裳屋宇。及黄帝造屋宇，制衣服，营殡葬，万民故免存亡之难"，认为华夏衣裳为黄帝所制。实际上，衣服的出现要早得多。北京周口店的山洞里就发现了骨针，从而可以知道18000多年前的山顶洞人已经知道缝制衣服了。在6000年前的仰韶文化遗址中，发现了每平方厘米经纬各有10根的粗麻布印痕的区域。这说明那时的人们一定穿衣服了，只不过我们无法知道他们穿什么样的衣服罢了。

从河南安阳出土的玉雕、石雕和陶塑的人像上，我们可以推断中国古代最早的装束形制——上衣下裳、束发右衽，在殷商时代已经形成。《说文解字》说："上曰衣，下曰裳。"下身穿的裳实际上是裙，而不是裤。衣服是右衽窄袖、长度

商代玉人，中国社会科学院考古研究所藏

河南安阳殷墟墓出土。头顶总发后垂，身穿龙袍，领圈饰云雷纹，前胸饰龙头纹，两腿饰升龙纹各一在膝盖上下。领、袖、襟、裾都用花边装饰，没有纽扣，以带束腰。

春秋战国时期在服装上发生了重要变化，那就是深衣和胡服的出现。孔颖达《五经正义》说："深衣衣裳相连，被体深邃，故谓文深衣。"战国之人不论贵贱、男女、文武都穿深衣，贵族以深衣为常服，平民以深衣为吉服。胡服则是指北方草原游牧民族的服装。他们为了游牧时骑马的需要，多穿短衣、长裤和靴子。战国时期赵武灵王将其引进以装备军队并加以改革，对汉服的变化产生深远影响。

汉代是中国古代传统服装的定型时期，为后代服饰发展奠定了基础。汉代男子的外衣统称为袍。袍的样式大致分为曲裾、直裾两种。曲裾，即为战国时期流行的深衣。汉代仍然沿用，但多见于西汉早期。到东汉，男子穿深衣者已经少见，穿者一般多为直裾之衣，但并不能作为正式礼服。汉代曲裾深衣不仅男子可穿，同时也是女服中最为常见的一种服式。汉代的直裾男女亦均可穿着，但不能作为正式的礼服。至东汉以后，直裾逐渐普及，并替代了深衣。

魏晋南北朝时期的服饰出现了两个重大变化，一个是汉装的定式被突破并逐渐成为"法服"（礼服），另一个是胡服被大量地吸收融合进汉人的服饰之中。这一时期男子的服饰以衫代替了袍。衫的特点是袖子宽大，这样走起路来甩手的时候就显得更加潇洒了。秦汉时服色以青、紫为贵，平民布衣只能穿白色的衣服。而六朝一反常态，服色尚白。由于经学的独尊地位受到冲击，儒家的冠服制度也动摇了，不仅服装的式样、颜色都突破了汉代的规矩，而且穿法、打扮也常常标新立异，突破了旧时的礼仪。妇女服饰也崇尚褒衣博带，有的把裙摆放长，有的在肩臂间搭一帔帛，走起路来大袖翩翩，显得格外飘逸。北魏孝文帝十分欣赏汉服的宽袍大袖，于是便在"法服"中将其保存了下来。其时，随着大量少数民族入主中原，胡人的褶裤和皮靴已经被汉人普遍接受。胡服的裤是作为外衣穿的长裤，裤腿宽松，膝盖处用带束缚，叫作缚裤。褶是与裤相配的紧

洛阳唐三彩，从中可以看出，唐代已经流行袒胸、低领衣服

开放的唐代服饰

服饰逐渐的开放,强调体态的美感,配挂披或胡帽;鞋子除云头高履外还出现了小蛮靴。再加上织品的发展,许多轻薄细柔的布料被开发出来,因此透明的、多层次的穿着开始引领风骚。此时期最具代表性的服装特色有:袒胸、高腰、披巾、明衣、男装、胡服和所谓的"时世装"等

身齐膝短衣,褶裤和皮靴都适合于骑射。

隋唐时代经过长期的民族融合,胡服尤其盛行。唐代可以说上自皇帝下至厮役,在日常生活中都穿"圆领袍、长靿靴",是为常服。因而男装以圆领窄袖袍衫为主要的服饰,靴已成为士庶通用的鞋了。旧式的冠服,皇帝和官僚们也只在大祭祀和大朝会的时候穿一穿。自南北朝后期至明代,法服和常服一直并存,但前者使用的范围一直很小。初唐妇女也多喜欢戴胡帽,穿翻领窄袖袍、条纹小口裤,着软靴、系蹀躞带。随着经济的繁荣和社会思想的开放,妇女服饰也日趋丰富华丽。常有妇女穿着男装,还流行袒胸的低领衣服,喜欢在襦衫外面罩一件对襟短袖衣,叫作半臂或半袖,肩部搭一条披帛。唐代女裙的式样繁多、色彩艳丽,尤其流行像石榴花那样的红裙,诗人称之为"石榴裙"。

宋代服饰大体沿袭唐制。建立元朝的北方蒙古族人,服

古人的生活

明代服饰,从颜色上不仅可以看出官与民,还可分辨出官之等级。
官服紫、红、绿、青,五彩缤纷;民服仅皂、白两色

饰具有鲜明的民族特色。元朝时,汉人保持原来的服饰,蒙古族男子以窄袖长袍和套裤为主要服饰,但由于受汉人影响,多改为右衽,而妇女的袍服还是以左衽居多。

明朝时,男子依然沿袭了大襟右衽交领和圆领这两种传统袍服式样。官员的袍服上系有革带,带上镶有玉片,这就是所谓的玉带。职官的服色和花纹按品级高低而异。前胸和后背各织一块方形的纹饰,叫作补子。儒生都穿镶黑边的蓝色直身,戴有黑色垂带的软巾,又称儒巾。皂隶穿青色布衣,市井富民商人虽然能穿绫罗绸缎,但是只许用青色或黑色。万历以后禁令松弛,女装相比男装要富于变化些。明代妇女的服装主要有衫、袄、霞帔、背子、比甲及裙子等。衣服的基本样式大多仿自唐宋,一般都为右衽,恢复了汉族的习俗。

满族入关建立清朝后用武力强迫汉人接受了满族的服饰。男子的服饰有袍、衫、褂、裤。清代的长袍以衩来区分贵贱,皇族宗室开四衩,官吏士人开两衩,一般市民不开衩。

袍的袖口装有箭袖,平时翻起,行礼时放下,因其形似马蹄,又称马蹄袖。职官朝服的胸背正中也各缝一块补子,称为补服。补子也沿用明制文禽武兽,但是花纹与明朝不同,而且由于清朝的补服是对襟的,所以胸前的一块分成两半。有一种长不及腰、袖仅掩肘的短褂,叫作行褂,又叫马褂。马褂以黄色为贵,非皇帝特赐不能穿。还有马甲,北方称为坎肩或背心,是无袖短衣,男女都能穿。男子下身穿裤,穿裙的已不多见。清初改服易冠规定"男从女不从",所以妇女的服饰有满汉两式。汉族妇女的头饰有簪、钗、冠子、勒子等,满族妇女则以高如牌楼的"大拉翅"最具特色。满族妇女的服装和男子相似,也是穿袍衫马褂,但一般比较紧窄,不像汉族女装那么宽大。汉族妇女在清初仍然穿明装,以裙衫为主。之后满汉服饰慢慢合流,衣衫渐趋短小,外面罩一件齐膝的背心。女装特别讲究用花边来装饰衣缘,于是花边越滚越多,形成宽宽的衣缘。晚清流行穿裤子,穿裙子的渐渐少见了。

服饰与礼俗

中国古代社会等级制度森严,受这种等级制度的影响,统治阶级在服饰上寄托了太多的"分贵贱,别等级"的礼制功能。于是,便产生了尚色的习俗。据史籍记载,春秋时,齐国风行紫色,齐桓公穿上紫袍,紫色织品的价格就猛涨10倍。而一向认为朱红色是正统的孔子,却讨厌紫色。秦始皇

清代男子与女子照片

认为自己是水德得天下，提倡以黑色为尊。而汉高祖认为他是火德兴邦，提倡穿红。唐代世风开放，用色五彩缤纷。宋代受理学影响，思想趋于保守严谨，官服据不同品级分为紫、红、绿、青4色，庶民服色则主要是皂、白两色。元代大量用金银色。明代色彩浓重。清代以仿唐、宋为时髦，但用色更加复杂艳丽。

服饰与礼仪关系的密切，还突出地体现在婚嫁丧葬等礼俗活动中。中国古代服饰有祭服、吉服、丧服等，具有鲜明的隆礼特征，标志着人的礼节、气节、伦理道德。最典型的是丧服。丧服是对死者表示哀悼而穿用的礼服，也称孝服。由于民族风俗及宗教信仰等因素，丧服十分复杂。中国古代丧服自周代已用素服（素衣、素裳、素冠等），均取白色，并有五服制度，用以标志着衣者与死者不同的亲疏关系。这五种丧服分为：斩榱、齐榱、大功、小功、缌麻。其中斩榱最上，用于重丧，取最粗的生麻布制作，不缉边缝，出殡时披在胸前，女子还须加用丧髻（髻系丧带），俗称披麻戴孝，服期3年。其他四等服期分别1年、9个月、5个月、3个月。服满后脱下。可见，丧服完全是出于丧葬礼俗之需。

冠、巾、帽

冠是中国古代贵族服饰的标志。在封建社会，有资格戴冠的除了封建统治者外，还有为其服务的士。所谓冠，类似于帽子。与帽子不同的就是冠并不像帽子那样把头顶全部遮住，它只有狭窄的冠梁遮住头顶的一部分，两旁用丝带在领下打结固定。在汉代，冠的名目已多了起来，主要有冕冠、长冠、委貌冠、爵弁冠、通天冠、远游冠、高山冠、进贤冠、法冠、武冠、建华冠、方山冠、术士冠、却非冠、却敌冠、樊哙冠等16种以上，这些冠的形状只能从汉代美术遗作中去探寻。据《汉书·舆服》记载，有一种冠是汉高祖刘邦用竹皮编制的，这种冠就是"长冠"，也称刘氏冠。后定为公乘以上官员的祭服，又称斋冠，形式与长沙马王堆一号西汉墓出土木俑所戴鹊尾冠相似。

古代的老百姓则是用巾包头或结扎发髻。所谓巾，就是丝或麻制成的布。汉末，王公大臣也用巾裹头，促使巾的花样逐渐增多。南北朝时，北周武帝为了便于军人戴用，用巾裁制成四个角的东西，一戴就行，这东西叫"幞头"，实际上它已是帽子了。唐代有人把四只角改成两只脚，两只脚是向左右伸出去的叫"展脚幞头"，为文官所戴；两只脚在脑后交叉的叫"交脚幞头"，为武官所戴。由于戴帽子比戴头巾省事，巾就慢慢地被淘汰了，而帽子逐渐流行起来。

帽子是古代服饰中"头衣"的一种，古代"头衣"包括

《虢国夫人游春图》（局部），幞头袍衫是唐朝男子的主要装束

冠、冕、巾、幞、头、弁、帽子等。《说文解字》未收"帽"这个字，可见"帽"是出现于东汉以后的字。据《宋书·礼志》记载，南北朝时南方百姓已普遍戴帽子，且士大夫也逐渐以帽子为常服。到隋唐以后，由于民族的大融合，少数民族习惯戴帽子，帽子便成为人们日常普遍的一种服饰。帽子的种类很多，魏晋南北朝时期就有突孙帽、大帽子、白纱帽、乌纱帽、皂帽等；唐宋时代有席帽、浑脱帽、毡帽、压耳帽、风帽、妇女戴的帷帽、胡帽等；明清有棕结草帽、遮阳大帽、圆帽、鹅帽、堂帽、凉帽等等。这其中最负盛名的乃是乌帽。

乌纱帽，顾名思义就是用黑色的纱制作的帽子。在隋以前，帝王戴白纱帽，宫官和官宦有戴乌纱帽的，百姓则戴杂色帽。隋唐时乌纱帽成为朝中官员的一般顶戴。到宋代，四脚幞头兴起，原来式样的乌纱帽逐渐废止，但由于幞头亦多用乌纱制作，故仍将幞头称为乌纱帽。在明代只有官吏才能戴乌纱帽，故后世将乌纱帽作为官帽的代称。后世在舞台上出现的官员所戴的乌纱帽就是明代的式样。乌纱帽到清代即废止。

古代饮食

中国有句古话：民以食为天。作为世界文明古国之一，中华饮食的历史几乎与中华的文明史一样长。在这漫长的历史发展中，中国人创造的精美饮食早已誉满天下。数千年来形成的饮食习俗，更表现了中华民族的伦理道德、生活方式、礼仪礼节、宗教信仰及聪明才智等众多方面。其中，喝茶、饮酒和餐饮方式等内容，是中国饮食文化中最具民族特色的一部分。

茶与喝茶

茶与咖啡、可可并称为"世界三大饮料"。中国是茶的故乡，是最早发现茶树和利用茶叶的国家。《神农本草经》载："神农尝百草，日遇七十二毒，得荼（茶）而解之。"可见中国茶之历史可远溯于4000多年前的三皇五帝时代。不过，茶最初不叫茶，而称为"苦荼"，是药材的一种。茶从药用过渡到饮料，大致在汉魏时期，喝茶叫饮茗。饮茶之风大兴则在唐宋，中国饮茶史上向来有"茶兴于唐，盛于宋"的说法。

饮茶习俗在唐代开始普及有两个重要原因：一是《茶经》的影响。被尊为世界茶坛宗师的陆羽，于765年撰成世界第一部茶书——《茶经》。书中对茶的性能与功能作了高度概括，指出："茶之为用，味至寒，为饮最宜"，有"解渴生津、止痛去烦、舒筋活骨、明目等功效，宜于精行俭德之人""若救

中国茶区广阔，品种繁多

渴,饮之以浆;蠲忧忿,饮之以酒;荡昏寐,饮之以茶"。这使人们对茶有了更深刻的认识,促使喝茶的人越来越多。二是佛教的推动。唐代社会已形成儒、释、道三教合流的局面,外传的佛教此时在中国大行其道。佛教重视坐禅修行,聚思悟道,通常坐禅长达数日,久坐困乏,因而具有清心提神功能的茶叶便成为佛家信徒的爱物。同时,佛家持淡薄的人生态度,抑欲忌荤,提倡素食,清淡茶汤无疑是最佳饮品,许多僧人好茶到了"唯茶是求"的地步。于是,僧侣便大量饮茶、植茶,为普及饮茶、推动中国茶叶生产和发展做出了贡献。

宋代茶业已有很大发展,以品为主的艺术饮茶蔚然成风。在文人中出现了专业品茶社团,还有官员组成的"汤社"、佛教徒的"千人社"等。宋太祖赵匡胤是位嗜茶之士,在宫廷中设立茶事机关,宫廷用茶已分等级。茶仪已成礼制,赐茶

《惠山茶会图》，明代画家文徵明作于1518年
图中描绘作者和诗友在无锡惠山品茗。二人在茶亭井边席地而坐，作者展卷颂诗，友人在聆听；古松下茶童备茶，茶灶正煮井水，茶几上放着茶具。现藏于北京故宫博物院

陕西法门寺出土的唐代茶器：储放茶叶用的鎏金银龟

已成皇帝笼络大臣、眷怀亲族的重要手段，还赐茶给国外使节。至于下层社会，茶文化更是生机盎然。有人迁徙，邻里要"献茶"；有客来，要敬"元宝茶"；订婚时要"下茶"，结婚时要"定茶"，同房时要"合茶"。民间斗茶风起，带来了采制烹茗的一系列变化。

明清时，茶的饮用也一改此前的碾碎煮饮法，而采用"撮泡法"，明代不少文人雅士留有传世之作，如唐伯虎的《烹茶画卷》《品茶图》，文徵明的《惠山茶会图》《陆羽烹茶图》等。茶类的增多，泡茶的技艺有别，茶具的款式、质地、花纹千姿百态。到清朝茶叶出口已成一种正式行业，茶书、茶事、茶诗、茶馆不计其数。

自饮茶习俗形成后，关于茶的品质、制作、饮用方法及器具等，都有严格的考究，从而形成一种专门的学问——茶道。关于茶道的著述，自陆羽《茶经》问世后，又相继出现了100多种。而其中，人们最津津乐道的就是关于如何将茶喝得香的学问。在这方面古人总结经验，特别指出要注意茶、器、水三要素。茶是指茶的选择，首先要依据个人的口味选择适宜的品种。中国茶区广阔，品种繁多，但大致可分为红茶、绿茶、青茶、黄茶、白茶、黑茶等六大类。红茶有水果香气和醇厚滋味，以安徽祁门生产的祁红和云南的滇红最有名；绿茶保持了原来茶叶的鲜绿色，香气浓郁而适口，尤以杭州的龙井和太湖的碧螺春闻名中外；青茶中的乌龙味道浓厚，以福建安溪的铁观音较为受宠。器是指茶具，最好是陶器或瓷器，透气好而且保温适中，传热不快，也不会发生化学反应。江苏宜兴的紫砂茶具历史悠久，是茶具中的上品。水是指沏茶用的水，这是最重要的。茶圣陆羽认为，山泉水最好；其次是天水，即雨水雪水，待存储数月水清澈见底时再用；最后是江河之水和井水。但井水须是水质甜的活井水。此外，水的温度也有讲究，比如绿茶忌用沸水冲泡等。

酒与饮酒

考古资料表明，中国酒的出现可以追溯到新石器时代中期以前，大汶口遗址出土的高柄陶酒杯、滤酒缸，仰韶遗址发掘的小口圆肩小底瓮、尖底瓶、细颈壶等酒具都是证明。夏代人生活中酒占有重要的地位，从夏二里头文化遗址发掘的随葬陶器中可以看到，酒器占比例最大，其次才是炊器和食器。这也从一个侧面佐证了古籍《吕氏春秋》《战国策》载的夏"夷狄作酒"和《世本》《说文解字》载的"杜康作秫酒"的可信度，而且应当说二人已是当时的酿酒大师了。

汉代砖刻酿酒图

商代是酿酒业的发达时期，20世纪70年代，中国的考古学家们在商代遗址中发现了商代酿酒作坊、酒器和一个密封良好的青铜卣，内曾装古酒，经专家测定，有果香气味。

汉朝是中国酒业发展的一个重要阶段。汉代开始出现了"烧酒"，即度数较高的白酒。白酒是一种"蒸馏酒"，汉代采用先进的蒸馏方法制酒，是酿酒史上的一大飞跃。汉时禁止民间酿酒，只可官酿官卖，对酒实行专卖，这一制度一直延续至元代。

唐宋时，随着社会经济和文化的迅猛发展，社会上饮酒、沽酒之风炽烈。自宋代始，已比较强调对酒的"节饮"和"礼饮"。明清酒业在酿酒技术、规模、品类等方面都大大超过了前代，形成了各有特色的南酒、北酒两大体系。南酒以江、浙、皖一代的黄酒系统最为有名；北酒以京、冀、晋、鲁、豫、陕等地的烧酒为盛为最。明清时期废除了历代对酒的专卖、垄断制度，开始实行了酒的"征税制"。

酒自产生以来便与中国人结下了不解之缘，经过上下几千年，形成了颇具民族特色的饮酒礼俗，有祭奠饮酒、节日

饮酒、婚嫁饮酒、生育饮酒等名目。

节日饮酒。中国人从年初至岁尾逢年过节都要频频举杯。正月初一饮屠苏酒；正月十五元宵节，饮酒、吃元宵、看花灯；五月初五端午节，饮菖蒲酒、雄黄酒；八月十五中秋节，饮酒赏月；九月初九重阳节，登高饮菊花酒，消灾增阳延寿。自战国以来，人们就用酒肉祭祀神灵、供奠祖先，除夕之夜，举家守岁饮酒，唐宋以来千年未变。

婚嫁饮酒。婚嫁喜庆之日饮酒是各民族的通例。男女媒聘有定亲酒、认亲酒，嫁娶之日饮婚礼酒，男女双方对饮交杯酒。至今人们仍习惯把参加婚礼称为"吃喜酒"。

生育饮酒。中国过去有多子多福的思想，生育饮酒祝贺自古相沿。早在春秋时期，越国就实行过用酒奖励生育的政策。

此外，生日祝寿、迎亲送别、出征告捷、喜庆丰收、谈判会盟、中举登第、店铺开张等，都有饮酒的习俗。

酒桌上为了让饮酒的人喝足畅饮，中国人有劝酒的习俗，久而久之，便形成了丰富多彩的行酒令。行酒令滥觞于周，始自春秋。经过历代饮酒者的创造，中国酒令内容越来越丰富。举凡诗歌、跳舞、谜语、对联、下棋、笑话、游戏、掷骰、弹琴等，都可作酒令。酒令是中国酒文化的重要表现形式之一，它可以调节气氛，增添乐趣，陶冶情性，增进智力，又表达了酒礼。

酒礼、酒德早在西周时就产生了。那时设有专门掌管酒礼的官，饮酒活动被纳入礼制规定之中。周礼从饮酒的等级类别，酒具的式样质地、容量大小，至饮酒的顺序姿势，都做了严格而具体的规定。通过历史沉淀积累下来的酒礼酒德，是中国传统文化的具体体现，是众多饮酒者文化性格的共同特征。

为什么称筷子？

中国是筷子的发源地。《史记·微子世家》中有"纣始有象箸"的记载，"箸"就是筷子，以此推算，中国至少在3000多年前的商代就开始用筷子。古人称筷子为"箸"，秦汉以后大兴忌讳之风，因"箸"与"住"字谐音，而"住"有停止之意，传说宋代吴中一带船民认为"箸"字不吉利，避忌说"箸"字，便把"箸"读成"快"，以祝愿船只一帆风顺。后来文人因此物多用竹子做的，创造了一个专用字"筷"，得到社会的承认，"箸"就改称为"筷"了。

别具一格的餐饮方式

几千年来中国人的饮食结构一直是以粮食为主食，以蔬菜为副食（食肉少），这是由中国自古是个农业国，且畜牧业不发达的国情决定的。另外，宗教对中国饮食也产生了一定的影响。佛教禁止宰杀动物，主张吃素食。道教追求长生不老，提倡轻身、辟谷，不吃或少吃煮过的谷物和肉类。信仰这些宗教的人自然忌肉食而吃素食。

中国人的餐饮方式别具一格，尤其在餐具、用餐形式与用餐礼节方面，在世界民族之林独树一帜。

中国人至少在3000多年前的商代就开始用筷子

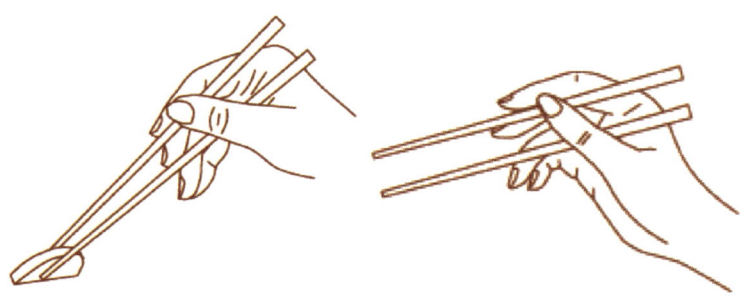

先说餐具——筷子。筷子是当今世界上一种非常独特的餐具。看似非常简单的两根小细棒,优点却有很多,有挑、拨、夹、拌、扒等功能,使用方便,仅靠大拇指、中指和食指的恰当掌握就行了;筷子的适应性最强,比刀叉更为灵便,且价廉物美,被西方人誉为"东方的文明";据科学家发现用筷子夹取食物时,可牵涉到肩部、胳膊、手掌、手指、手腕等30多个关节,50多条肌肉的运动。这对大脑、关节、肌肉的刺激锻炼十分有益。所以,用筷子进食有益于健康,特别是儿童。

再说用餐方式——共餐制。中国人无论是居家饮食还是在外聚餐,通常都是围桌而坐,同吃一盘菜、共分一锅汤。最初,人们席地而坐,到了唐代,人们开始在圆凳或高椅上垂足而坐,围坐桌旁共餐,这种方式相沿成习,就成了中国人

《文会图轴》(局部),宋徽宗绘

的饮食习惯。亲朋好友同桌共享美味佳肴，在中国人看来，有一种特别温暖和谐的氛围，这恐怕与中国人重视血缘、亲族关系的传统观念有关。另一方面，中国的传统文化讲究"和"，一桌人共进美食，是人与人之间增进了解和沟通的重要途径，这也是为什么中国人喜欢在宴席上谈事的原因。

最后说说用餐礼节。由于众人共食一盘菜，在用饭过程中就产生了严格约束饮食活动的食仪。它自然成为饮食文化的一个重要部分。中国的饮宴礼仪始于周朝。《礼记·曲礼》规定：进餐前，要检查手是否干净，喝汤时不可大口囫囵，不可调和汤，不可翻搅菜，不可只顾自己吃饱，不可当众剔牙。吃完饭，客人应起身收拾桌上的食具，主人跟着起身，请客人不要劳动，然后，客人再坐下。一家人吃饭时，只有辈分高者、尊者入席落座之后，其他人才可入座。菜肴上桌，长者、尊者先吃，其他人才可开始。如果请客要特别讲究排座次，座次一般是"尚左尊东""面朝大门为尊"，主人则居末席。古代的饮食礼仪总的来讲是要体现尊卑高低之分。

名菜佳肴。享誉世界的中国菜是用独特的调制方法烹饪而成的。经过了四五千年的发展至清代，已进入中华食文化的高峰阶段，宫廷菜、地方菜争奇斗艳，集中体现在满汉全席和四大菜系上，其高超的烹饪技艺和丰富的文化内涵，堪称世界一流。

清代的满汉全席是集满族与汉族菜点之精华而形成的历史上最著名的中华大宴。乾隆甲申年间李斗所著《扬州书舫录》中记有一份满汉全席食单，所上菜肴起码108种，是关于满汉全席的最早记载。这是一种具有浓郁的中华民族特色的巨型宴席。既有宫廷菜肴之特色，又有地方风味之精华，菜点精美，礼仪讲究，形成了引人瞩目的独特风格。满汉全席取

材广泛,用料精细,山珍海味无所不包,既突出了满族菜点特殊风味,如烧烤、火锅、涮锅等,同时又展示了汉族烹调的特色,扒、炸、炒、熘、烧等,实乃中华菜系文化中的瑰宝。

中国幅员辽阔,各地自然条件、人们生活习惯、经济文化发展状况不同,形成了不同的地方风味。南北两大风味,自春秋战国时期开始出现,到唐宋时期完全形成。到了清代初期,鲁菜(包括京津等北方地区的风味菜)、苏菜(包括江、浙、皖地区的风味菜)、粤菜(包括闽、台、潮、琼地区的风味菜)、川菜(包括湘、鄂、黔、滇地区的风味菜),已成为中国最有影响的地方菜,后称"四大菜系"。

古代民居

民居,是人们对民间居住建筑物的习惯称呼。由于中国幅员广阔,各地区的自然地理条件不同,各民族风格与传统各异,生产和生活各具特色,建筑材料千差万别,因而使中国的民居建筑形式多姿多彩,各地风格迥异。

四合院式民居

中国汉族地区传统民居的主流是规整式住宅,以北京四合院为典型代表。四合院的"四"字,表示的是东南西北四面;"合"是围在一起的意思,也就是说,四合院是由四面的房屋或围墙圈成的。从表面看,四合院是一个封闭性较强的建筑空间,但实际上,宽大的庭院在使用中灵活多变,适应性很强。所以,中国古代宫殿、衙署、佛寺、住宅等建筑,普遍采用这种布局形式。

四合院式民居的形制特征是组成院落的各幢房屋分离,住屋之间以走廊相连或者不相连属,各幢房屋皆有坚实的外檐装修,住屋间所包围的院落面积较大,门窗皆朝向内院,外部包以厚墙。屋架结构采用抬梁式构架。这种民居形式在夏季可以接纳凉爽的自然风,并有宽敞的室外活动空间;冬季可获得较充沛的日照,并可避免寒风的侵袭,所以合院式是中国北方地区民居通用的形式,盛行于东北、华北、西北等地区。

完整的四合院是由三进院落组成,沿南北轴线安排,最南面的房子为倒座房,依次为垂花门、正厅、正房、后罩房。每进院落有东西厢房,正厅房两侧有耳房。院落四周有穿山游廊及抄手游廊将住房联在一起。

四合院中除大门与外界相通之外,一般都不对外开窗户,即使开窗户也只有南房为了采光在南墙上离地很高的地方开小窗。因此,只要关上大门,四合院内便形成一个封闭的小环境。住在这样封闭的环境里,除了有利于冬避寒、夏纳凉外,还有利于与世无争,躲避兵荒马乱。四合院应该是动荡社会的产物,是生活在动荡漩涡中的人们所寻觅到的一个安详恬静的安乐窝。

四合院式民居鸟瞰图

古人的生活

四合院的大门

梅兰芳故居

　　北京四合院，一般都坐北朝南，大门开在东南角，以附会"紫气东来"的说法。大门楼飞檐翘角，大门两侧各有一个圆石鼓，上面浮雕着守门的小兽。

　　进入大门后的第二道门叫垂花门。垂花门是宅门中内宅的入口，与正厅、正房等同在一条南北向的主轴线上。它之所以叫作垂花门或垂华门，就是因为它有垂莲柱——由前檐下垂不落地的短柱。柱端做成莲蕾形的垂珠，垂珠的形式多种多样，如风摆柳或雕花的方形等，但以垂莲形为最正规。

　　俗话说的大家闺秀"大门不出，二门不迈"的"二门"，就是指的垂花门。垂花门的形式非常符合二门的功能需要。用垂莲柱出挑屋檐，占天不占地，既有巨伞的实用功能，又有营造气氛的效果，主人与客人在此寒暄、行礼、道别，晴天不必撑伞遮阳，雨天不必使用雨具，再加上华美的垂花门的衬托，环境、气氛和谐融洽。

中国人自古就将内院看作是人与天地、人与自然协同共生的最佳场所。用墙与房屋围起来的四合院，较好地协调了人与自然的关系，解决了日照、通风、保温、隔热、反光和防噪等问题。围起来的内院不仅可以承接阳光雨露，还可纳气通风，具有"藏风聚气，通天接地"的功能，充分体现了中国人崇尚自然、引入自然的生态精神。为了在有限的空间内更好地引入大自然的风光，许多人家在四合院的高墙深院之中叠石理水、植树栽花，充分表现出人与自然的交融。

水乡式民居

江南气候温和湿润、水域丰富，城镇及乡村民居大都利用地形，自由灵活地散列在流水萦环的隙地上，或临河而建或跨溪而筑。

江南民居的布局和北京的四合院有点相似，四周房屋连

北京礼士胡同某住宅的垂花门

成一体，住宅的大门开在中轴线上，迎面正房为大厅。与北京四合院不同的是，北京四合院为平房，而江南民居多为楼房，布局也比北京四合院更紧凑。民居的院落占地较北方小，这是因为江南人多地少的缘故。

江南民居四周房屋围成的小院子通称天井，天井的作用主要是晴天采光，雨天排水。由于四周屋顶均为内侧坡，一下雨，雨水便从四面流入天井，所以这种住宅布局又被老百姓称作"四水归堂"。

在民居的外部造型上，层层跌落的马头墙高出屋脊，有的中间高两头低，微见屋脊坡顶，半掩半映，半藏半露，黑白分明；有的上端人字形斜下，两端跌落数阶，檐角青瓦起垫飞翘。在蔚蓝的天际间，勾出民居墙头与天空的轮廓线，增添了空间的层次美和韵律美，体现了天人之间的和谐。

四水归堂式住宅的个体建筑以传统的"间"为基本单元，各单体建筑之间以廊相连，和院墙一起，围成封闭式院落。

江南居民的马头墙

为了利于通风，多在院墙上开漏窗，房屋也前后开窗。

江南民居的结构多为穿斗式木构架，不用梁，而以柱直接承檩，外围砌较薄的空斗墙或编竹抹灰墙，墙面多粉刷白色。屋顶结构也比北方住宅薄。墙底部常砌片石，室内地面也铺石板，以起到防潮的作用。梁架仅加少量雕刻，不施彩绘。房屋外部的木构部分用褐、黑、墨绿等颜色，与白墙、灰瓦相映，色调雅素明净，与周围自然环境结合起来，形成景色如画的水乡风貌。

竹楼式民居

竹楼属干阑式建筑。干阑式建筑出现较早，据傣族民间传说，三国时，诸葛亮到达傣族地区，傣家人向他请教房子怎么盖，诸葛亮就在地上插了几根筷子，脱下帽子往上一放，说："就照这个样子去盖吧。"所以傣族竹楼就像一个支撑着的帽子，晒台就像官帽。传说不一定真，也无法考证，但傣族竹楼的外形确实像古代当官的帽子。

傣族竹楼是一种全用竹子建造的两层楼房。底层有的架空，用来饲养耕牛、舂米或堆放杂物，有的用竹墙围作粮仓或厨房。二层设堂屋和卧室供人居住，并在一侧或两侧设有外廊和晒台。屋顶坡度较陡，屋脊两端设通风孔。屋檐很低而且出挑深远，起遮阳避雨作用。廊下安装楼梯供人上下。

傣族发明的干阑式建筑竹楼好处很多。一可防潮，气候炎热的云南，潮湿多雨，架空楼房利于散湿；二利通风，墙壁楼板等用竹子编就，缝隙较大，可散热可排烟，通风良好；三避虫兽，西双版纳森林丰茂，野生动物甚多，楼居较为安全；四避洪水，楼下架空，利于洪水通过，可减少损失。

窑洞式民居

在很久很久以前，风从遥远的北方把黄土带到中国的西

傣族竹楼

北高原，日复一日，年复一年，就形成了这块面积广阔、土层绵厚的黄土地。在这片土地上，自从有了人，就有了窑洞。

窑洞是黄土高原的产物。黄土高原的黄土层厚度一般为50至100米，最厚处可达200米。因黄土层深厚，土质密实，为窑洞提供了很好的建造条件。同时，干燥少雨、冬季寒冷的气候和木材较少等自然状况，也为冬暖夏凉、不需木材、经济实用的窑洞，创造了发展和延续的契机。由于自然环境、地貌特征和地方风土的影响，窑洞的形式多种多样。从建筑的布局结构上可划分为靠崖式、下沉式和独立式三种形式。

靠崖式窑洞，也叫崖庄窑。它一般是在山畔、沟边，利用崖势，先将崖面削齐，然后修庄挖窑洞。

下沉式窑洞，多在平塬大坳上修建。先将平地挖一个长方形的大坑，一般深5至8米，将坑内四面削成崖面，然后在四面崖上挖窑洞。

独立式窑洞，也称箍窑。箍窑一般是用土坯和麦草黄泥浆砌成基墙，拱券窑顶而成。窑顶上填土成双面坡形，远看像房,近看是窑。

窑洞式民居不会受到风、冰雹、雨、雪或其他自然灾害的侵袭;冬暖夏凉的特点可大大节省能源;防火性能良好,即使发生火灾,蔓延的机会也比较少。另外,隔音性能好,抗噪音能力强;建筑的寿命长,使用费用低;既环保,又节省土地、节省木材、节省钢筋水泥等建筑材料,这确是因地制宜的建筑形式。

土楼式民居

土楼是闽西南特有的民居。之所以叫土楼,是因为它主要采用生土夯筑,属于土木结构。土楼式民居,与客家人的历史密切相关。客家人原是中原一带汉民,因战乱、饥荒等原因被迫南迁。由于客家人大多居住在偏僻山区或深山密林之中,为防贼和野兽,客家人便建造了这种具有"抵御性"的土楼。

福建与江西、广东三省交界的闽西南地区,山势蜿蜒,

窑洞的窗户是整个窑洞中最讲究、最美观的部分。拱形的洞口由木格拼成各种美丽的图案。窗户分天窗、斜窗、炕窗、门窗四大部分

延安独立式窑洞

古人的生活

峰峦叠嶂。在重峦翠谷间散落着千姿百态的土楼，它们或圆或方，有大有小。其中，永定客家土楼独具特色，各种形状土楼共有8000余座，大多是明清时代的建筑。

客家土楼的艺术性主要体现在整体造型上。

客家土楼的墙体厚达1.5米左右，从而夏天可以防止酷暑进入，冬天可以隔绝寒风侵袭，楼内形成一个夏凉冬暖的小气候。十分奇妙的是，厚实土墙具有其他任何墙体无法相匹的含蓄作用。在闽、粤、赣三省交界地区，年降雨量多达1800毫米，并且往往骤晴骤雨，室外干湿度变化太大，在这种气候条件下，厚土始终保持着适宜人体的湿度，环境太干时，它能够自然释放水分；环境太湿时，又能吸收水分，这种调节作用显然十分益于居民健康。

许多土楼的中间是祭祖的厅堂。如振成楼厅柱上写着一副对联："振作那有闲时，少时、壮时、老年时、时时须努力。

土楼有方有圆，还有方圆兼备的"五凤楼"

成名原非易事,家事、国事、天下事、事事要关心。"它道出了振成楼的含义,也是振成楼主人的祖训。

土楼并不仅仅是一种民居,它与闽西南客家人和闽南人的生活息息相关,密不可分。

在土楼里安居乐业的居民们,日常的生活里洋溢着丰富的人文气息,使干硬的土墙

天上人间——岩太土楼群

变得有了人情味,对他们来说,土楼已不仅仅是一个遮风挡雨的场所,而且是一片精神的家园、一个灵魂的象征和一种文化的代表。

土楼堡垒式封闭的外观和超大的尺度表现出强烈的防卫性,显示出一种气势逼人的威严。而土楼内部空间则是由纤细的木构件组成,并且居住空间对内院开敞,是为人的生活而设的理想环境。客家土楼给人的感受是:一座土楼就是一个城堡、一个小社会。在这个社会里,他们凝聚统一,充满着人与自然的和谐。

客家人建造了土楼,聚族而居,这是源于对中原传统文化的认同,土楼表现出来的向心性、匀称性,以及血缘性聚居的特征,正是儒家文化和道家文化的一个缩影。

土楼有形的基础是石块,无形的基础就是千百年来植根于中华民族心中的儒、道传统文化,这些坚实强大的基础擎起了世界上独一无二的奇观。

古人的生活

日常器具

商代鹿耳铜甗

高 105 厘米，口径 61.2 厘米，1989 年出土于江西新干商代大墓。

此器，甗、鬲连体。甑盘口呈台阶状，圆唇，宽沿，大方形立耳，竖立于盘口之上，腹部较深，腹内不见箅，但甑、鬲相接之处有箅托一周。鬲四足中空，足上部呈袋状，下为圆柱形，足底外鼓。双耳上各立一幼鹿，一雄一雌

"美食不如美器"，美食佳肴要有精致的餐具烘托，才能达到完美的效果。

 炊具

古代蒸锅—铜甗

甗为古代炊器，即蒸锅。甗上体圆而两耳似鼎，束腰，下有三款足似鬲。器中间有一圆铜片为隔，叫作箅。箅上有通蒸汽的十字形或直线形孔，箅用半环联在甗内，可以开阖。甗有上下两体可分合的，也有上下为一体不可分合的。商甗体多圆形，侈口、两耳、束腰，三款足，腰中间有箅，款足上雕兽首形，器多厚重。西周一般仍沿旧制，开始作长方形的，四足、两耳，进而演变为上下截可分合的。上截底有穿（即孔），下截有四足、两耳。春秋战国时有圆甗，上半似鼎，附耳，下部有三高足，上下

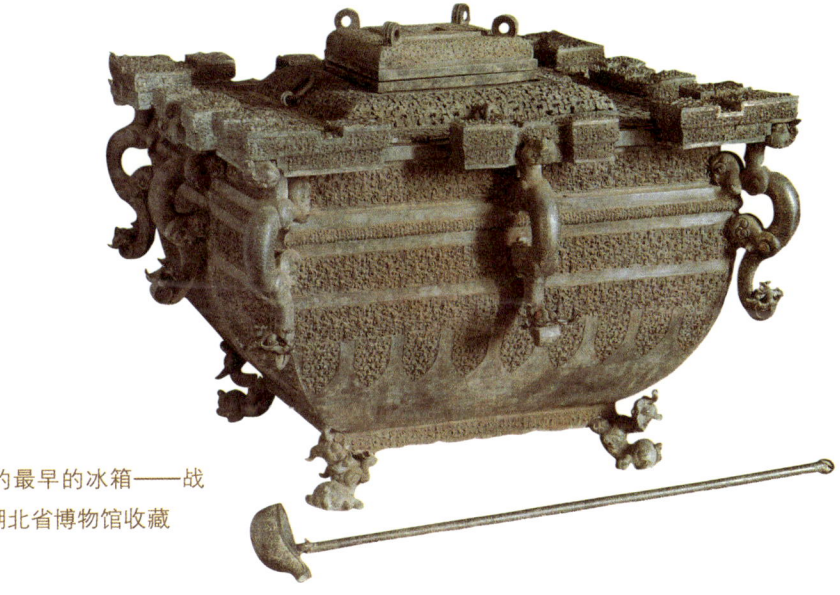

世界上发现的最早的冰箱——战国铜冰鉴，湖北省博物馆收藏

可分合，还有下有三短矮的款足，肩及腹侧各有两个环耳，上半似盆，底有穿，这类形制实为汉代甗的前身。甗通常下半部盛水，上半部盛稻粱，作蒸煮食物用。至汉代器形虽有变化，但它的用途是一样的。

古代冰箱——冰鉴

在我国古代人们就发明了食物防腐保鲜的方法。古籍《周礼》记载"祭祀共冰鉴"。"鉴"其实就是盒子。1978年，湖北随县曾侯乙墓就出土了一件"铜冰鉴"。它由铜鉴、铜缶组合而成，缶套置于鉴内。鉴高63.2厘米、口长63.4厘米、宽62.8厘米，缶高51.8厘米。鉴为方体，像一个方口的大盆，腹深，平底，四个兽足。夏季，鉴、缶壁之间装冰，缶内装饮品或食物，可使其变凉或保鲜。

酒具

酒具是指贮酒、盛酒、饮酒的器具。酒具是一定社会经济和文化发展背景下的产物，各种酒具都从不同侧面反映了社会经济和文化发展的水平和状况。

中国古代酒具按质地材料分为陶酒具、瓷酒具、青铜酒具、玉酒具和其他酒具。

陶酒具。酒大约产生于距今6 000年前的大汶口文化时期，酒器的产生应与酒的产生大致相同。从酒器的产生到公元前21世纪夏王朝的建立，大约经历了2 000多年的时间，这段时间内所使用过的酒器，一般称为史前酒器。史前酒器属于陶酒具。陶酒具制作简单，朴素实用。

瓷酒具。瓷器由陶器发展而来，中国最早的瓷器大约产生于商周时期，称为原始瓷器，至东汉已发展成熟。《诗经》上说"清酒百壶"，可见在春秋时期，酒壶已普遍使用。从大量出土资料来看，秦汉时期的陶瓷酒具使用非常广泛。

宋代的酒壶形式多种多样，形体多变，美观大方。宋人喜欢喝温酒，于是一种碗和壶相配合的温酒壶便应运而生，碗装热水，壶装酒。

辽的陶瓷酒具具有契丹少数民族的独特风格，最常见的是鸡冠酒壶。它是模仿契丹族传统使用的各种皮囊容器烧制的，也称皮囊壶，保留了本民族游猎生活的形迹。为适应元代蒙古族游牧骑马的习俗，当

北宋影青刻花温碗注子

元代釉里红高足杯，高12.8厘米，口径10.4厘米

时流行一种在马上饮酒用的高足杯,也称马杯。

明清两朝是中国陶瓷业发展的鼎盛时期,这一时期的陶瓷酒具,通体满饰各种花纹。由于元代以后,蒸馏酿造技术普遍发展,随着酒精度的提高,酒具器形逐渐缩小。明代常见的酒具有梨形壶、龙柄壶、莲瓣壶、鸡心壶、亭盖方壶等。清代造型更为丰富,品种也越发多种多样,如倒流壶、温酒壶等。在材质方面,除了陶瓷和青铜器外,还有玉石、玻璃、紫砂、珐琅、金、银、锡等,装饰上也更加丰富多彩。

明代青花缠枝葵花纹执壶

青铜酒具。夏、商、周时期,即公元前21世纪至公元前3世纪初,是中国古代礼制的成熟期。"礼以酒成",无酒不成礼,因此,夏、商、周时期也是中国酒礼最复杂、酒与政治结合最为紧密的时期。正因为夏、商、周时期酒礼最受重视,因此酒器发展也最为迅速。

青铜酒具铸造始于夏朝,盛行于商周和春秋战国。后代也不断有仿古制作。青铜酒具多是由铜锡合金熔液浇铸在陶模上冷却而成。这些酒具形制端庄厚重,式样沉雄敦实,古朴美观。

玉酒具。最早出现于夏代。玉酒具花纹天然,做工精细,式样美观,色泽温润绚丽。

其他质地酒具。中国象牙酒具,最早出现于新石器时代中晚期;牛角酒具通行于周;漆酒具流行于汉魏;金银酒具流行于唐。其他如锡酒具、骨制酒具等,都因昂贵珍稀,而被历代统治者、富裕阶层所钟爱,流行于宫廷、官府、名宦、巨贾、财主之中。

中国酒具作为礼仪制度的载体,能彰显使用的场合以及

古人的生活

西周㫃觥，1979年陕西扶风出土

明代白玉双螭耳杯

使用者的身份和地位。不同身份和地位的人使用不同的酒具，这方面也有着严格的等级规定。中国酒具造型美观大方，装饰精细华丽，这使饮酒者在举杯之际，可享受到文化的陶冶和艺术的熏陶。

 浴器

原始先民沐浴，只有下河一洗。随着社会的发展，人们逐渐养成了沐浴的生活习惯。根据甲骨文和金文中都有"沐浴"的记载推断，至迟到商代时，洗浴已成为人们生活的重要组成部分。"沐"，其字形犹双手掬盆水沐发状，会意为

形似商周青铜爵的明代金托玉爵

金托玉爵，1958年出土于北京定陵，由金托、玉爵组成。玉爵由白玉雕成，形状与商周时期青铜爵相似。爵把雕作爬龙状，龙屈身弓背，后爪蹬爵腹，前爪攀爵口，龙腹与爵身之间的空隙恰好可容插入一手指，形象生动，美观实用。爵流和爵尾的外壁各雕一正面龙，龙的前爪上各托一字，流部的是"万"，尾部的是"寿"，合起来为"万寿"，寓意万寿无疆。金托呈浅盘状，中央凸起一树墩形爵座，玉爵插入其中。爵座的外表錾刻怪石险峰，其上点缀红、蓝宝石

端庄华丽，气度不凡的明代带托金酒注

1958年出土于北京市定陵，直口、粗颈、方腹、圆筒形高圈足，一侧附耳形把，对称另一侧有细长流。覆盆形盖，盖顶嵌玉，并在盖顶镶一石榴子红宝石为钮。钮以金链与把相系。在注壶的肩部镶嵌红、蓝宝石数块，腹部在把、流之两侧，各镶嵌玉雕正面盘龙一条，龙睛及龙额部分各嵌红宝石3块。器身纹样分为三部分。颈部刻如意云纹，方形腹部，把、流两面刻二龙戏珠纹，另两面在玉龙上下四角饰海水江崖及流云纹。盖饰云纹，圈足饰行龙赶珠及海水江崖流云纹。托亦为金质，为直壁平底浅盘形，底内壁錾刻灵芝花，外侧壁饰四组牡丹花卉纹。整个酒注，造型新颖别致，气度端庄华丽，具有浓厚的宫廷色彩，制作工艺复杂、精致，为明代金器之杰作

沐，是洗头发的意思；"浴"，其字形若人置身于器皿之中，并在人的两边加锅内水滴，会意为浴，是洗澡的意思。而用来沐浴的器皿有青铜器鉴，"鉴，大盆也"，盛水用作洗器。《庄子》有"灵公有妻三人，同鉴而浴"的记载。

鉴，或无耳，或有两耳、四耳。鉴有三种用途，一是盛水用于洗浴；二是贮水借以照面；三是盛冰用以冰酒，即《周礼》中所指的冰鉴。有的鉴中还附有瓢形的挹水器。

到了西周时期，沐浴礼仪逐渐形成定制。由于沐浴已经深入到社会方方面面，人们对沐浴有了深层次的理解，不仅是把沐浴单纯地看作洁身净体、润肤养身，而是将其视为隆重礼仪的重要组成部分。祀神祭祖之前要先沐浴净身，以示内心洁净、虔诚。

古人的生活

知识窗

古代的沐浴与洗澡有什么不同？

今天一说沐浴，都明白是洗澡的意思。然而古人用这几个字的时候是有区别的。按东汉许慎《说文解字》解释：沐，濯发也；浴，洒身也；澡，洒手也；洗，洒足也。所谓"濯""洒"就是洗的意思。据此看来，古代的沐浴与今日的洗澡的意义并不完全吻合，而只有把许慎对"沐""浴""洗""澡"的解释合起来，才是今天意义上的洗澡。

明清家具

中国传统家具已有数千年的历史，制作精巧，装饰优美，造型合理，其中式元素的内在魅力含蓄而持久。纵观家具发展史，最有代表性的家具多出自明清两代。明清两代家具无论是在选材加工，还是造型装饰上，都达到了中国传统家具的最高水平。明清家具素有"艺术家具"和"人文家具"之美誉，加之采用紫檀、酸枝、鸡翅木等名贵木材制造，更显得尊贵典雅。

中国古代家具中卧具有四种，即榻、罗汉床、架子床、拔步床。中国古代流行架子床，特别是南方地区较北方更多。架子床就像一个房中的房子一样，有柱，有天花，挂上帷幔，既可保暖，又具有私密性。至于拔步床，私密性更强，从外

西周虢季子白盘，通高39.5厘米，口长137.2厘米，清道光年陕西省宝鸡市虢川司出土，现藏中国国家博物馆

因作器者为虢季子（名白）而得名。它与散氏盘、毛公鼎并称为西周三大青铜器。就制作之精良与体量之大，以此盘为西周三大青铜器之最

形看好像房间里又建了一间小木屋，使床前形成一个小长廊。长廊两侧可以安放桌、凳类小型家具，用以放置杂物。这种床形体很大，床前有相对独立的活动范围，虽在室内使用，但宛如一间独立的小房子，这种家具在南方比较常见，床架的作用是为了便于挂帐子。

架子床、拔步床只作为卧具，供睡眠之用，而榻、罗汉床除睡眠外，还兼有坐的功能。

汉代以前，中国人起居方式是席地而坐，这就形成了一种围绕睡卧之地待客的传统，待客的最高级别是在家里的床上。罗汉床就是为了待客而出现的床。自唐至五代《韩熙载夜宴图》以来，通览历朝历代的绘画作品，频频可以见到古人以榻或罗汉床为中心待客的场面。明代以降，特别是在清代，这种礼仪已成定式。因此罗汉床由朴素向华丽发展，逐步强调床身的装饰。

黄花梨木罗汉床

《韩熙载夜宴图》，五代，顾闳中绘

绘画充分表现了当时贵族们待客的生活场景，主人坐在罗汉床上，宾客有男有女，有坐有站，边饮茶边听曲，整个场景以床为中心

娱乐与体育

娱乐与体育是文化传统的积淀。中国自战国以降，祭祀中巫者的舞蹈、典礼中庄重的乐歌、乡射时象征性的竞技，俱已走入寻常百姓家。中国古代社会的娱乐、体育活动可谓丰富多彩，有注重礼仪和精神愉悦的，有注重强身健体的，还有注重输赢博弈的等等。

投壶

投壶，既是古人宴席的一种礼制，又是宾主相娱的一种游戏。春秋战国时期，诸侯宴请宾客时的礼仪之一就是请客人射箭。那时，成年男子不会射箭被视为耻辱，主人请客人射箭，客人是不能推辞的。有的客人确实不会射箭，就用箭投酒壶代替。久之，投壶就代替了射箭。

投壶在汉以前虽有娱乐之名，而实则"礼"的意味较浓。至两汉，投壶渐现娱乐之实，成为王公大臣宴饮时的主要娱乐活动之

明代珐琅彩铜投壶

娱乐与体育

一。《西京杂记》载，汉武帝时有一位郭舍人颇善投壶，每次都因使武帝龙颜大悦而获赐金帛。随着社会的日益繁盛，投壶在明代进入新的发展阶段。据明《投壶奏矢》称，当时的投法有140种之多。清代投壶日趋衰落，但直到清朝末年宫中也还在流传。

东汉蹴鞠石刻（局部）

古代足球——蹴鞠

蹴鞠与投壶相反，蹴鞠是源起于下层的娱乐活动。蹴鞠又名"蹋鞠""蹴球""踢圆"等，是中国古代对踢足球的称谓。"蹴"即用脚踢，"鞠"系皮制的球，"蹴鞠"就是用脚踢球。《战国策》和《史记》是最早记录蹴鞠的文献典籍，前者描述了2300多年前的春秋战国时期，齐国都城临淄民间流行的蹴鞠活动，后者则记载蹴鞠是当时训练士兵、考察兵将体格的方式。2004年7月15日，国际足联主席布拉特先生在第三届中国国际足球博览会上向世界正式宣布"足球起源于中国"。

蹴鞠到了汉代，已经发展成为一项非常专业化的运动，并且有比较健全的比赛规则。汉朝皇室中的蹴鞠规模很大，

明代《宣宗行乐图》（局部），描绘了明宣宗观看蹴鞠活动的情景

设有专门的球场，四周还有围墙和看台。在当时，比较正规的蹴鞠比赛分为两队，双方各有 6 名队员参加，以踢进球门的球数的多少来决定胜负。由于蹴鞠的对抗性强，在当时多盛行于军队的军事训练中。

至唐宋，蹴鞠的形制有很大的改变，技术也有很大的提高。唐时既有宫廷数百人一起参加的大型活动，也有家庭式的几个人的小比赛。球门已接近现代球门，用两根长竹竿竖起一张网。宋代改制为用单门比赛，双方队员也增加到各 12—16 人。

清代，爱好溜冰的满族人曾将其与滑冰结合起来，出现了"冰上蹴鞠"的运动形式。清代中叶以后，随着西方现代足球的传入，中国传统的蹴鞠活动被改造成现代足球。

围棋

围棋是中国人最古老的智力游戏之一。古代称下棋为"对弈"。"弈"就是围棋。围棋起源于中国，但具体年代不详。《左传》中有一段话说，某重臣立君后又打算废掉，正如围棋的得而复弃。通过这段文字记载，人们推测中国围棋的起源当在春秋中叶之前。

围棋在西汉时期,以赌运气为主的"博",远远比以赛智力为主的"弈"更流行。直到东汉,这种情况才有所改变。马融在其《围棋赋》中首次提出了"三尺之局兮,为战斗场"的思想,将围棋与军事联系起来,受到了日益重视。班固所作《弈旨》被认为是世界第一部围棋专业书籍。

南北朝时期是围棋发展史上的重要阶段。在这个时期,围棋在南方成为文人雅士的时尚活动。南朝设棋品制度和围棋州邑制度,将专业围棋手分为不同的级别,予以一定的待遇。梁武帝还亲做《棋经》倡行围棋,使围棋发展进入了一个黄金时期。

初唐时,围棋活动由宫廷向民间传播,盛唐时期,唐玄宗大力倡导围棋,宫中设立了棋待诏一职,专门供养棋士陪皇帝下棋,这是中国围棋走向专业化、职业化的标志。王积薪便是开元盛世的第一国手,他总结出的围棋十诀:"不得贪胜,入界宜缓,攻彼顾我,弃子争先,舍小就大,逢危须弃,慎勿轻速,动须相应,彼强自保,势孤取和"。这被认为是围棋的经典理论。

北宋围棋进入昌盛阶段,职业国手十分活跃,职业围棋发展迎来了又一次高潮。元朝是围棋的衰退时期。至明代,朱元璋好弈,棋类运动出现了历史的突破,由御前走向社会。

明代《明皇会棋图》,张萱绘

古人的生活

唐代《弈棋仕女图》，新疆维吾尔自治区博物馆藏
吐鲁番阿斯塔那187号墓出土，墓主张氏是武则天时安西都护府的官员，曾被授予上柱国勋爵。此画描绘贵族妇女家庭生活场面，弈棋贵妇为画的中心人物

清朝"康乾盛世"年间，围棋进入了四大家时代。梁（魏今）、程（兰如）、范（西屏）、施（定庵）四大家，在中国围棋史上享有崇高地位。范、施并称为"棋圣"。

早期的棋盘不是19乘19的规格，先后出现过9线棋盘、13线棋盘、17线棋盘，最后出现19线棋盘。棋盘、棋子的形状、数量、颜色等都是具有一定寓意的。根据元代大儒虞集等人的解释：棋盘为方，其子为圆，子覆盘上寓意"天圆地方"；子分黑白，寓意阴阳；棋盘共361个点，360暗合一年天数约数，天元一点寓意万物自一而始；9个星位暗合九宫之数，星位将棋盘分为四个象限，寓意一年四季；每个象限约为90个落子点，寓意每季天数；棋盘周边共72点，寓意一年72候。

百戏

百戏是中国历史上自秦汉以降各种民间观赏性娱乐节目的泛称。"百戏"一词产生于汉代，汉文帝《篹要》中记载："百戏起于秦汉曼衍之戏，技后乃有高絙、吞刀、履火、寻橦等也。"可见百戏是对民间诸技的称呼，尤以杂技为主。

《乐舞百戏图》，东汉，内蒙古和林格尔汉墓壁画
图中描绘墓主及其家属，坐着观看乐队及杂技演员的情形

在汉代，百戏演出盛况空前。统治者曾以此招待外国使节宾客和边陲少数民族人士。流风所及，甚至富有的庶民之家也有"倡优奇变之乐"。百戏节目有出自民间的，也有传自西域的。百戏集演时，既有扛鼎、吞刀、吐火等杂技魔术，也有装扮人物的乐舞和装扮动物的"鱼龙曼延"等。汉墓陶俑、画像砖等的发现，使我们对汉代百戏有了直观的感受。

南北朝时期，百戏表演中逐渐增加了说唱的曲艺成分，因此也称"散乐百戏"。隋唐时，散乐百戏的范围继续扩大，包括了出现不久的新品种歌舞戏，与龟兹乐、河西胡乐等盛行于世。宋金时期，市民文艺兴起，城市瓦肆中的百戏品种更为繁多，不但有影戏、杂剧，甚至包括说经、演史等等，细目达100多种。由于百戏中的各种表演技艺都有了专用名称，"百戏"一词就渐渐少用了。

百戏是诞生中国戏曲的摇篮之一。

《击鼓说唱俑》，灰陶制，高55厘米，制作于东汉时期，出土于四川成都天回山崖墓，现收藏于中国国家博物馆

女性教育

中国古代社会是一个男权社会,几千年"男主外、女主内"的家庭格局定势,形成了根深蒂固的"男尊女卑""女子无才便是德"的主流意识,致使女性一直被排斥在学校教育之外,所以古代的女性教育,基本上局限于社会教育的范畴。而社会教育具体来说,就是围绕着"三从四德"进行的,与占据主流地位的学校教育一样,以塑造女性的道德人格为旨归。

三从四德

"三从四德"是中国古代社会为维护父权制家庭稳定,根据"内外有别""男尊女卑"的原则,由儒家礼教对妇女一生在道德、行为、修养等方面提出的规范要求。所谓"三从",即"未嫁从父,既嫁从夫,夫死从子"。

"三从"实际上是对妇女提出的道德劝诫。要求没有出嫁的"在室女",应"不违父命"做个孝顺女儿;结婚后,不仅要代丈夫行孝侍奉公婆,为丈夫生儿育女,相夫教子,而且要视丈夫为"天","天命不可逃,夫命不可违",必须顺从、敬重丈夫,夫唱妇随;丈夫一旦去世,不但要守节不嫁,重大事情还要由儿子做主。

宋代《妃子浴儿图》

"四德"即指"妇德、妇言、妇容、妇功",是对妇女的修养要求,其含义在东汉班昭的《女诫》中有详细的阐释。

"妇德"是四德中最重要的一项。女子要做到"清闲贞静,守节整齐,行己有耻,动静有法"。"妇德"的核心是"贞顺"。"贞"是坚守节操,守身如玉,对丈夫忠贞不贰。丈夫死后也要保持贞操,从一而终、不能再嫁,甚至殉夫。这一贞节观自宋代开始由于官方大力提倡,并为贞节烈女竖起牌坊而深入人心。

"妇言"也就是善于应对,说话得体的意思。"妇言不贵多,而贵当(恰当)"。如勉励丈夫、教训孩子、委婉劝谏、明志守礼、表现贤智、免于灾祸……都需要运用恰当的言辞来达到预期目的。所以,"妇言"又需要智慧和知识修养。

"妇容"是儒家对妇女容貌修饰所要求的特殊标准。孔子主张男人应重德轻色,所以他对妇女容仪的要求是重质朴去修饰。班昭认为妇容不是指颜色美丽,而是要在日常生活中做到服饰整洁、按时沐浴、讲究卫生。

"妇功"是指妇女从事的劳动与工作。古代社会的性别

相关链接

举案齐眉

东汉初年，有位隐士叫梁鸿，博学多才，家里虽穷，可崇尚气节。后与一女子孟氏结婚。婚后不久，梁鸿为躲避征召他进京的官吏，夫妻二人离开老家齐鲁，到了吴地（今江苏境内），住在一大户人家的下房，靠给人舂米过活。梁鸿每次回家时，孟氏都准备好了饭菜，把饭菜放在案子上，举案齐眉，请梁鸿进食。大户人家的主人见此情形，大吃一惊，心想：一个雇工能让他的妻子对他如此恭敬有加，那一定不凡。于是他立即把梁鸿全家迁入他的家宅中居住，并供给他们衣食。梁鸿因此有了机会著书立说。

分工是男主外事，女主内事，所以"妇功"几千年的内容就是操持家务，包括耕织、做饭、洒扫、奉养公婆、侍候丈夫、生养孩子等。

中国古代对妇女"三从"道德的教戒劝誉、"四德"修养的提倡培训，加之"七出"（即三从四德做不到的七种具体表现，要遭到男人休妻的惩罚，唐代将"七出"规条入律）条规的威吓惩罚作用，一方面逐渐规训出儒家文化影响下的传统妇女之美德——孝敬父母、勤俭持家、慈养儿女、温和谦恭等，另一方面，确有不少妇女在一些封建礼教的影响下，成为无谓的牺牲品。

妇女缠足

缠足是中国古代一种特有的陋习。中国封建男权社会的时代，为了增强女性对男性的依附，限制女性参与正常的社会活动，将女性束缚在家庭狭小的天地中，再加之男性病态、扭曲的审美情趣，大致从北宋开始，社会上积极倡导妇女缠足，一直至民国才废除。

所谓缠足，就是把女子的双脚用布帛缠裹起来，使其变成又小又尖的"三寸金莲"。缠足年龄，一般从四五岁开始，耗时3至4年，到七八岁初具模样。

缠足——古时中国女人的枷锁

关于缠足的起源，有先秦说、隋唐说，还有五代说，说法不一。但对于缠足在北宋开始流行，则看法比较一致。理由有三：一是五代以前中国女子不缠足是众所周知的；二是宋代诗人苏东坡曾专门做《菩萨蛮》一词咏叹缠足，缠足诗的写作是以缠足习俗的出现为依存条件的；三是史载宋时儒学大师朱熹曾很热心地在福建南部推行缠足。这说明，宋代确已出现缠足习俗。

清代《胤禛耕织图册》中的《织图》十九，表现的是男主外、女主内的传统观念

婚姻与丧葬

婚姻习俗

婚姻是人类繁衍生息的主要方式和构成家族、亲族的基础。婚姻习俗主要包括婚姻形式、婚姻媒介、择偶标准、婚姻礼仪及离婚等方面。中国古代婚俗的形成，离不开特定时代、特定国情的影响，与其他国家和民族相比，既有共性，更有特性。

一夫一妻多妾制

中国古代法律规定男性不准多妻，但允许纳妾。这是因为中国自夏启建立夏朝开始，统治者实行的就是家国相通、亲贵合一的宗法制度，为了维系这种以血缘关系为纽带的组织形式，统治者在政治实践中推行从上到下的嫡长子继承制，而为了保证嫡长子的纯洁性，在婚姻上，自夏、商、周三代开始，整个古代社会一直实行一夫一妻多妾制。所谓一妻多妾，指的是嫡妻只许一个，除嫡妻以外，男子还可以合法地拥有数量不等的侧室，即"媵妾"。"媵"是随同皇后、夫人陪嫁之妾，其地位比一般的妾高，也叫"贵妾"。《礼记·曲礼》记载:"天子有后,有夫人,有世妇,有嫔,有妻,有妾";"公侯有夫人,有世妇,有妻,有妾"。但是,按照宗法制度的要求,嫡妻只能有一个。嫡妻所生,是为"嫡系";其他妾所生,是为"庶出"。嫡妻与媵妾和嫡妻所生子女、媵妾所生子女,在家庭中有着明显不同的地位。唐律规定:"媵犯妻者,减妾一等,妾犯媵者,加凡人一等。"嫡子的社会政治地位高于庶子,不仅在财产继承上有优先权,而且皇室的王位也由嫡子继承。这是由宗法观念十分重视嫡庶所决定的。嫡庶无别,嫡长子继承宗主和权位的原则就无法维持,势必导致整个宗法的紊乱。

中国古代婚姻形态的一夫一妻多妾制,实际上是一夫多妻制的表现。而一夫多妻的观念在古代中国得到广泛认可。当然,由于受社会政治地位、经济条件等诸多因素的制约,这一婚姻形态应当说在社会的中上层更加普遍。关于这方面,我们通过历代史书、小说、戏剧等可以看到。上至皇帝、王公、大臣,下到繁荣富庶地区的有钱人家,妻妾成群的现象随处可见。

古人的生活

知识窗

"吃醋"一词的来历

人们常常把男女关系上的嫉妒叫作"吃醋",殊不知,"吃醋"在历史上还有一个典故呢。相传唐太宗李世民打算送给大臣房玄龄几名美女为妾,房玄龄婉言谢绝。唐太宗问清原因后,派人提上一壶"酒"来到房家,并传旨说:如房夫人不同意,请吃"毒酒"自杀。房夫人端过"毒酒"一饮而尽。谁想壶中装的不是"毒酒"而是浓醋。房夫人为维护一夫一妻"舍命吃醋"的故事,被人们传为佳话。但后来"吃醋"一词却演变成了男女之间某种"嫉妒心"的代名词了。

包办婚姻

在整个古代,婚姻的缔结由父母包办,当事人只能顺从,是世界各国普遍存在的形式,中国也不例外。大致从西周始,中国古代的礼和法,都把包办子女、卑幼的婚事作为父母、尊长的特权;所谓"父母之命""媒妁之言"是婚姻成立的要件。

在宗法制下,婚姻大事必须由父母主持,再加媒人撮合,才能为宗族和社会所承认。这是由于统治者强调礼治,即要求君臣上下、父子兄弟都要按照"礼"的秩序去生活。而"礼"的核心,在于"亲亲"和"尊尊"。"亲亲父为首",所以像男女婚姻大事只能由父母做主。唐朝进一步确立了尊长对卑幼的主婚权,《唐律疏议》规定祖父母、父母为主婚者。明代"嫁

《压轿》:北京风俗:凡遇婚事,必于亲友家择一多福多寿之老妪,先乘花轿至女家迎新妇,谓之压轿

娶皆由祖父母、父母主婚。祖父母、父母俱无者，从余亲主婚"。

包办婚姻的一大特点是：在整个择偶的过程中，婚姻当事人的感情因素被漠视了，而且男女双方完全是处于隔绝的状态之下，俗话说"先结婚，后见面"。像《红楼梦》中的贾宝玉，虽与林黛玉情投意合，而贾母等人却不管他们的意愿，完全从家族的利益出发，让宝玉与薛宝钗结婚，待婚礼将近完毕，揭开新娘头上的红盖头时，贾宝玉才发现真相。类似的事情举不胜举。

婚姻"六礼"

中国古代婚姻特别看重礼仪。《礼仪》载："昏礼者，将合二姓之好，上以事宗庙而下以继后世也，故君子重之。"但只是对正妻而言，古代"礼不下庶人"，婚礼也下不到媵妾身上。依据《仪礼》记载，最早古代婚仪发端于西周的"六礼"，即"纳采""问名""纳吉""纳征""请期""亲迎"。随着时间的推移，"六礼"的内容也越来越丰富。

纳采，是议婚的第一个阶段，相当于提亲，男方请媒人去女家提亲，女方同意，男方再去女方家送礼求亲。

问名，俗称"合八字"，先由媒人送女方的八字庚帖到男方家，上面写着女方的出生年、月、日、时，男方必须放在祖先案上观察几天，如果家中这几天都平安无事，就再将男方的八字送到女方家。女方接受了男方八字之后的三天内，每天早晚要在家中神佛前烧香祭拜。在这几日内，男女双方的家中，如果有任何一方发生被偷盗、物品损毁或家人生病等不祥之事，婚事就吹了。

纳吉，就是问名以后，把占卜的吉兆通知女方，这叫订盟也就是订婚。古礼要送订婚礼，作为婚事已定的信物。后

光绪帝大婚时皇后乘坐的喜轿

世叫小聘，又称小定或文定。一般都送戒指，表明婚姻已成，但婚期未定。

纳征，又称纳币，即订盟（婚）后，男方将聘礼送到女家，这是进入成婚阶段的重要标志，叫大定、过大礼。一般在婚前两个月或百日之内完成。礼忌单数，名称要吉祥。这一条反映出中国古代婚姻文化的经济性十分突出。男女双方在选择配偶时大多考虑双方家庭财产多寡。婚姻在缔结过程中非常注重聘礼，聘礼越重，女子的身价筹码越高。而女子出嫁时陪送嫁妆，也体现了婚姻当事人的经济动机。

请期，俗称择日，由男家选定婚期大喜之日，并请求女方家的同意，男定月、女定日。

亲迎，即在结婚当日，男方迎娶女子至家。这是整个婚仪最复杂、也最热闹的过程。迎亲要用两顶轿，去时女轿要

清人《嫁娶图》(局部)

有压轿人，新郎只在门外等待。回时有迎轿、下轿、跨火盆、射轿、拜天地、入洞房、喝交杯酒、吃子孙饽饽等仪式。至此，婚礼始告完成，婚姻也最终成立。

婚姻"六礼"，对中国人的影响极其深远，直至近现代，在一些乡村地区，结婚的形式仍然可以看见婚姻"六礼"的明显痕迹。

古人的生活

丧葬风俗

丧，指哀悼死者的礼仪；葬，指处置死者遗体的方式。丧葬是中国孝文化习俗的具体表现和重要组成部分，具有强烈的个性色彩。这种强烈的个性色彩主要表现在居丧、守孝、厚葬等方面。

丧葬礼仪

中国古代的丧葬礼仪大致涉及初终、招魂、报丧、入殓、哭丧、下葬等几个阶段。

初终。中国的传统丧葬文化非常讲究寿终正寝，人死在普通床上被认为不吉，一定要在正室，也叫正寝，这样才有别于横死、客死、夭折等，叫"善终"，也称"寿终正寝"。所以在病人生命垂危弥留之际，亲属要把他（她）移到正屋明间的灵床上，守护其度过人生旅途的最后时刻。

招魂。人死之后，要举行招魂仪式。古人认为：人的魂灵若是离开了形骸，短期就会致病，长久便是死亡。于是在先秦习俗中，便出现了招魂复魄的仪式。这种习俗后来融入礼仪，成为古代葬礼中一个不可或缺的部分，儒家经典称之为"复"。"复"，就是使离散的游魂复归于形体之意。

报丧。一旦确认人真的死了，就要报丧。报丧早在周代的时候就已经形成了。明清时北方的报丧方式是发布讣闻。在人们的观念里，报丧不仅是一种形式上的礼仪，更是一

红陶瓮棺

河南临汝出土，古人葬具，瓮棺上方有一孔，专家认为，这是古人为了让死者灵魂出入而设置的

知识窗

对"死"的讳称

人对"死"有许多讳称。"天子死曰崩,诸侯死曰薨,大夫死曰卒,士曰不禄,庶人曰死。"古代社会,是等级制十分严格的社会,在世时等级分明,连对"死"的说法也不一样。帝王"死",除称"崩"外,还有"山陵崩""驾崩""晏驾""千秋""百岁"等。一般官员和百姓死亡,则称"殁""殂""殒命""捐生""就木""作古""弃世""故""终"等。长辈去世,婉称"见背"。佛道徒之死,说法更多,如"圆寂""坐化""羽化""示寂""仙游""登仙""升天""仙逝"等。

"死"还有诸多特殊意义的讳称,如:为正义而死称"就义";为国家而亡称"献身""牺牲""捐躯""殉国"等;死于意外事故叫"遇难";年幼而亡叫"夭折";病死者叫"病故";"老"死者叫"寿终正寝"……

种和亲属家人一起分担悲痛的做法。接到报丧消息的亲朋好友赶来灵堂吊丧,寄托对死者的哀思,同时慰问死者的家属。

入殓。入殓有"大敛"和"小敛"之分。小敛是指为死者穿寿衣、盖被子。古代小敛一般是在死亡的第二天进行,天子7日、诸侯5日。在民间的习俗里,入殓的衣服和被子忌讳用缎子,因为"缎子"谐音"断子",一般用绸子,"绸子"谐音是"稠子",可以福佑后代多子多孙。收尸盛殓的棺材,以松柏制作,忌讳用柳木。松柏象征长寿,柳树不结籽,被认为可能导致绝嗣。有的地方用柏木做棺材要掺一些杉木,据说完全用柏木做的棺材会遭天打(触雷电)。在合棺材之前,还要往棺内放些葬物。民间的讲究是让死者左手执金,右手握银。所以,历代的陵墓都有过盗掘的现象。尤其是帝王陵墓,由于随葬品大都是稀世珍品,更引来无数盗掘者。

哭丧。哭丧可谓中国丧葬礼俗的一大特色,贯穿于丧仪

图像里的中国 TUXIANG LI DE ZHONGGUO

古人的生活

清代佚名绘《烧包袱》

的始终，大的场面多达数次，而出殡时的哭丧仪是最受重视的。出殡的时候必须有全体后代尤其是男人们"唱哭"，否则按照民间旧俗就会被视为不孝。哭的音量大小也非常重要，如果哪家死者在黄泉路上没有响彻天地的哭声相伴，便会在方圆数十里传为笑柄，其子孙后代也要被人们视为不孝。哭丧大致起源于西汉唱挽歌送丧的风俗，挽歌在汉代的代表性作品是《薤露》与《蒿里》。前者规定为王公贵人出殡时唱，后者则为士大夫和一般百姓出殡时唱。

下葬。由于各个民族所处的生存环境不同等原因，形成了很多不同的下葬风俗仪式。汉族土葬墓地的选择是埋葬死者的头等大事，所以一般选在地势宽广、山清水秀的地方，找出生气凝结的吉穴，可以使死者安息地下，庇佑子孙。下葬的方法，天子通隧道而入，诸侯以下悬棺而入。下葬的时间也是有讲究的，必须是太阳落山灵柩也落土。埋葬之后人们必须要洗手，有的还要用酒来洗。这样是表示今后再也不死人，用来驱除晦气。

守孝。孝就是善事父母。中国传统文化中一直把"善事父母"看作是一个人道德的根本和核心。《论语》中说："君子务本，本立而道生，孝悌也者，其为仁之歌也。"《孝经》中更明确地指出："孝，德之本也，教之所由生也。"中国古代所说的"百善孝为先""人之行，莫大于孝"等，都是这个意思。也正因为如此，当父母去世之后，守孝就变得异常重要。

守孝亦称守制，指孝子谢绝入世、官职，在家遵守居丧制度。关于古代居丧制度，《礼记》载："三年之丧，二十五月而毕。"守孝期间，要"倚庐，食粥，寝苫，枕块，所以为至痛饰也"。意思是说孝子为父母要守孝25个月，即3个年头，此间，做官的要辞官守制，而且要搭庐棚而居，喝粥、睡草垫、枕土块，以示十分悲痛，还不能娶妻生子，吃肉喝酒。汉代选官察举孝廉有一条规定："不为亲行三年丧，不得选举"。旧时守制也称"丁忧""丁艰"。

厚葬。古人重视丧葬，尤其讲究厚葬，尽管针对厚葬的弊端，也产生了薄葬的思想和实践，佛教和道教也都提倡薄葬，但中国还是走了一条比世界许多国家都奢侈的厚葬之路：规模盛大的葬礼、宽敞而考究的墓室、厚实而精美的棺椁、丰富而珍贵的随葬品，几千年习俗不变。特别是社会等级高、经济基础雄厚的帝王贵胄，葬礼尤厚。

秦始皇陵出土的陪葬俑，步兵、车兵、骑兵陶俑多达近万件，马俑500余匹，木质战车130多辆，兵、马之俑与真人、真马的高度、大小相当，造型逼真，生动异常，因而始皇陵

被中外人士誉为古代最完美的军事博物馆。

中国人的厚葬习俗由来已久。从殷墟妇好墓的陪葬品（玉器 755 件，宝石器 47 件）来看，最早可追溯到夏商时期，在秦汉时期达到全盛。汉代制度规定，天子即位一年，就以天下贡赋的三分之一"充山陵"，修建帝王坟墓。即使史称"简约"、在遗诏中明令不许厚葬的汉文帝，其霸陵在晋代被盗时，也"多获珍宝"。唐宋两代虽也有明文规定禁止官宦、庶民随葬金宝玉珠，但实际上，帝王、官宦、贵族墓葬，不仅随葬品依然极其丰富，而且墓室构筑豪华，还装饰着精美的壁画。

古人何以非要厚葬呢？原因说来也简单，一是与深信灵魂不灭的迷信思想有直接关系。古人以为人死后就是去了阴间，要使死人在阴间过得好，就要风风光光地发送。因此按

唐代章怀太子李贤墓道东壁的《客使图》

照阳间的社会生活模式，安排葬仪、葬物，好使死者到阴间享受在阳间的待遇，或者还要超过阳间。二是封建伦理道德观念中"讲尊君"、"讲孝道"的影响。厚葬皇帝是尽忠，厚葬先人是行孝。孝是儒家提出来的，是封建伦理道德的核心，它要求人们对父母要做到生养死葬，"事死如事生"。为了达到这个要求，人们不惜一切代价厚葬自己的父母，赢得孝子的名分，既可受到世人的称赞，还会得到朝廷的表彰。反之，就会遭到鄙视乃至谩骂。当然，同样是厚葬父母，其动机也不尽相同，有的真正是为了报答父母的养育之恩，有的是屈从于社会的巨大压力，有的则是为捞取孝子的美名。

古人的生活

古代交通工具

中国幅员辽阔，由于各地自然条件不同，不同地区的人们使用的交通工具也有很大的差别。雪橇，是东北地区冬季里的交通工具；双轮车、四轮车，在中原地区广为使用；独轮车、滑竿是西南多山地区的交通工具；沙漠之舟——骆驼是西北地区常见的运输工具；在河汊交错的江南，舟船则是主要的交通工具；宋代以后，舒适的轿子则日趋普及。

北朝铜牛车

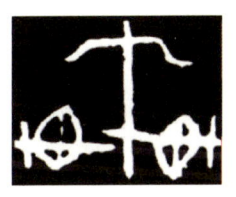  

甲骨文"车"字拓片和甲骨文"车"字复原图

最原始、今天仍在使用的交通工具：雪橇

交通工具使交通活动得以进行。最早的运输工具可说是"木棒"：棒的一端缚重物，由一人背负，或将重物放在中间，由两人抬行。以后人们又学会把货物放在橇上，下装粗重滑木，这样把橇绑在狗、鹿、牛身上的交通工具，应该是车的雏形。

南方泥行用橇，北方雪行亦用橇。橇是车的雏形。

发明于 4000 多年前的运输工具：双轮车

许多学者认为，车的发明源于橇，将橇装上轮子即变成了车。这话今天说起来很容易，但古人从橇到车，经历了至少 1000 多年的艰苦历程。在这 1000 多年之中，不知经历过多少次改进，不知有多少人为跨越这一步做出过贡献。但人们为了将事情简单化，总是将几代人的努力汇聚在一个人身上，车的发明也是这样，中国人把这一功劳记在了一位叫奚仲的人身上。奚仲曾做过夏王朝的"车正"（车辆总管），奚仲发明的车，距离现在已有 4000 多年，我们无法目睹，但成书于春秋战国时期的《管子》一书对此有一段评价："奚仲之

鹿拉雪橇，至今有些严寒地带的人们仍然使用这种古老的运输工具

为车也，方圆曲直，皆中规矩准绳，故机旋相得，用之牢利，成器坚固。"这是说奚仲所设计创造的车结构合理，各部件均有标准，因而坚固耐用，驾驶起来也十分灵便。

原始的车轮没有轮辐，这种车轮在汉、唐时代著作中称之为"辁"。夏代前后，出现了无辐条的辁和各种有辐条的车轮。有的史书还记载，奚仲"挠曲为轮，因直为辕"，创造了有辐的车轮。由辁发展到轮，车辆的行走部件发生了一次大变革，为殷代造车奠定了基础。殷商和西周时已有相当精致的两轮车。

甲骨文象形字"车"的出现，说明在甲骨文之前中国人已经发明了双驾双轮车。

周代的车制承袭殷商，并被广泛使用。春秋战国时，已有马拉的战车。那时，战车的多少是衡量国家强弱的标志，如大国有车千乘，称为千乘之国。到了汉代有了双辕车。

车子并非单一的运输工具，它是古代人身份荣誉的象征，甚至是国力的一种体现。不过那时的车子靠驾驭马匹来带动车辆，坐起来很不舒服，各种车子不论如何豪华，就算帝王所乘，也难免颠簸。汉朝之后，行进速度快的马车逐渐被行动缓慢但平稳的牛车所代替。

乘坐牛车是东汉以后，尤其是魏晋南北朝之际南方士大夫中盛行的风气，豪门贵族以出门乘坐牛车为尊。因为牛车行走缓慢，便于观赏风景，而马车比较颠簸。在晋、齐、梁车舆礼制中，还制定了乘坐牛车的等级和使用范围，崇尚牛车之风愈演愈盛。南朝时上到天子，下到寻常富户，都以牛车为交通工具。陶牛车的出土，从一个侧面反映了当时贵族的生活情况，是研究东晋时期的出行制度、风尚习俗以及车舆服饰制度的重要实物资料。

车的发明，是中国科技史上的一件大事，不但解决了落后的交通问题，而且还促进了道路设施的发展，有利于各地区之间的联系和信息的传递，扩大了商贸运输活动和文化交流的范围。

东汉《车马出行》壁画，河北安平县汉墓出土

古人的生活

知识窗

何谓千乘之国？

千乘之国中的"乘"，意为辆。这里指古代军队的基层单位。每乘拥有4匹马拉的兵车一辆，车上甲士3人，车下步卒72人，后勤人员25人，共计100人。千乘之国，指拥有1000辆战车的国家，即诸侯国。春秋时代，战争频仍，所以国家的强弱都用车辆的数目来计算。

用途广泛、成本低廉的独轮车

双轮车的发明者是夏代车正奚仲，独轮车的发明者据说是三国蜀相诸葛亮。双轮车的前身是橇，独轮车的前身是"木牛流马"。这种独轮车，在北方，俗称"小车"；在西南，因它行驶时"叽咯叽咯"响个不停，俗称"鸡公车"；在江南，因它前头尖，后头两个推把如同羊角，俗称"羊角车"。古时候，女子结婚后回娘家时，用的就是这种独轮车，回娘家时，丈夫推着车子，妻子坐在上面，两人双双回到娘家。独轮车在当时是一种既经济又使用最广泛的交通工具，在交通运输史上是一项十分重要的发明。

传说中的"木牛流马"模型与现实生活中的独轮车

古代交通工具

相关链接

木牛流马

木牛流马是古代的运输工具，至于它是什么时间出现的，一直无确论，最远可追溯到春秋末期。据王充在《论衡》中记载：鲁国木匠名师鲁班曾为他的老母亲巧工制作过一木车马，且"机关具备，一驱不还。"最有名的是《三国志》记载的诸葛亮造的木牛流马，诸葛亮用其在崎岖的栈道上运送军粮，且"人不大劳，牛不饮食"。但木牛流马到底是怎样的交通工具，后人却有争论。宋代人认为木牛流马就是独轮车。现代史学家范文澜先生谓："木牛是一种人力独轮车，有'一股四足'，所谓一股，就是一个车轮。所谓四足，就是车前车后装的起稳定停驻作用的四根木柱……流马是改良的木牛，即人力四轮车。"

游牧民族发明的草原交通工具：勒勒车

勒勒车又名大轆轳车、罗罗车、牛牛车，"勒勒"原是牧民吆喝牲口的声音。勒勒车因常以牛拉动，故也叫蒙古式牛车。勒勒车是为适应北方草原的自然环境和游牧民族经常迁徙的生活习惯而制造的交通工具。

勒勒车主要以草原上常见的桦木为原料，车轴、车轮、车瓦、辐条、轮心、车辕和车架都用桦木做成。桦木质地坚硬，耐磕碰，车体又轻，着水受潮不易变形，适宜在草原、沙滩上通行。勒勒车整个不用铁件，结构简单，便于制造和修理。

勒勒车是牧民流动的家，一般车身长4米以上，车上可带篷。带上篷，车厢开若船舱，"行则车为室，止则毡为庐"，常常是一家人住在里面。它的特点是车身轻便，双轮高大。这是因为牧区冬天雪深过膝，夏季草深，沼泽地多，轻便灵活、车轮大的勒勒车，无论是牧草繁茂的草场，积雪深厚的雪野，还是泥泞的沼泽或者崎岖的坡道，都能够顺利通行，即使损坏也容易修理。

历史上，北方游牧民族较多，大都擅长骑马征战，军民一体。由于勒勒车在雪地和深草中行走迅速，因而时常作为战车在战争中效力。在平时生产生活中，勒勒车主要用于拉水、运送燃料，倒场迁徙时则用来装载蒙古包和其他生活用具、用品。

从秦汉到 20 世纪七八十年代的 2000 多年中，勒勒车一直是草原牧人最重要的交通运输工具，有"草原之舟"之称，在游牧民族的生产生活中发挥了巨大的作用。

行进在草原上的古代列车

草原交通工具：勒勒车

北方丝绸之路上的沙漠之舟：骆驼

中国古代北方丝绸之路，也称"沙漠丝绸之路"，起点是中国的长安（今西安）。长安是西汉和隋唐的国都，当时各地丝绸和其他商品集中在长安以后，再由各国商人组成的商队，运往世界各地。商队从长安出发，经河西走廊至西域，要越过塔克拉玛干大沙漠，才能通往欧洲。什么运输工具适合在沙漠中穿行？中国先民在4000多年前就发现了骆驼的特性：耐饥耐渴、性情温顺、不畏风沙、善走沙漠，并把它驯化成家畜。穿行沙漠的任务自然落到了骆驼头上。在今天西安、新疆的众多墓葬中，出土了大量汉代以后历朝历代的骆驼俑、骆驼画，尤其以唐代居多。因为骆驼在唐代人的心中是财富的象征，而这个象征的产生，就是因为骆驼担当起了沙漠之舟的任务，在丝绸之路上奔走，给唐代人带来了无穷的财富。

唐代三彩骆驼载乐俑：丝绸之路上的沙漠之舟

南方丝绸之路上的山地之舟：马

如果说北方丝绸之路上的交通工具主要是靠沙漠之舟——骆驼，那么，南方丝绸之路则主要靠山地之舟——马。

远在春秋战国时期就实际存在的陆上南方丝绸之路，是与北方丝绸之路齐名而又相对的一条国际经济文化交通线，又称西南丝绸之路，亦称"蜀身毒道"（"身毒"：印度古称）。它起始于四川成都，然后分进入云南，在大理汇合后进入缅甸、印度等南亚诸国。如果打开世界地形图，可以清楚地看到，这里高山群峙、大江汇集，仿佛是地球母亲紧蹙的眉头。

南方丝绸之路上的山地之舟：马

而这条漫长、悠久而又神奇的古道就在地球母亲紧蹙的眉头间绵延盘旋着。

踏上这条神秘的古道，会发现古道石板上两寸多深的马蹄印历历在目。

多功能的交通工具：轿子

轿子，在宋代以前，人们称之为肩舆，是中国古代特有的一种交通工具。"舆"本义指车厢，顾名思义，肩舆是指扛在人肩膀上的车厢。这个名称准确地表明了轿子的特点，也说明了轿子与其他交通工具的根本区别。

轿子在中国大约有4000多年的历史。据史书记载，轿子产生于公元前21世纪的夏朝初期。《尚书》载："予乘四载，随山刊木。"何为"四载"："水行乘舟，陆行乘车，泥行乘橇，山行乘樏。"这个"樏"，就是最原始的轿子。至于它到底是什么样子，有的古文献说："山行即桥"，樏是过山时所用的运输工具,两人一前一后,将其扛在肩上,远远望去,"状如桥中空离地也",所以,在上古时,"轿"与"桥"是相通的。

轿子最初是专供人们翻山而用的交通工具。西汉时期,淮南王刘安在给武帝上书中称:"入越地,舆轿而隃(逾)岭。"这是"轿"以单字词首见于史书。可以想见,笨重的双轮木车、四轮木车是无法在崎岖险陡的山路上行驶的。于是人们干脆把车轮卸掉,单把车厢抬起来走。为了减轻肩头的负重,这种过山用的交通工具多用竹子编成,所以,当时又有"竹舆""编舆"等名称。其实,指的都是轿子。

乘轿而行,远比乘车平稳、舒适。于是,轿子又从专为走山路所用扩大为皇室贵族等人在平原或宫苑内的代步工具。其形制也发生了很大的变化。唐代对轿子进行了改进,将以前肩扛式改为手抬式,舆杠由原来与地平改为与腰齐,因此唐代各种舆轿可统称为"腰舆"。

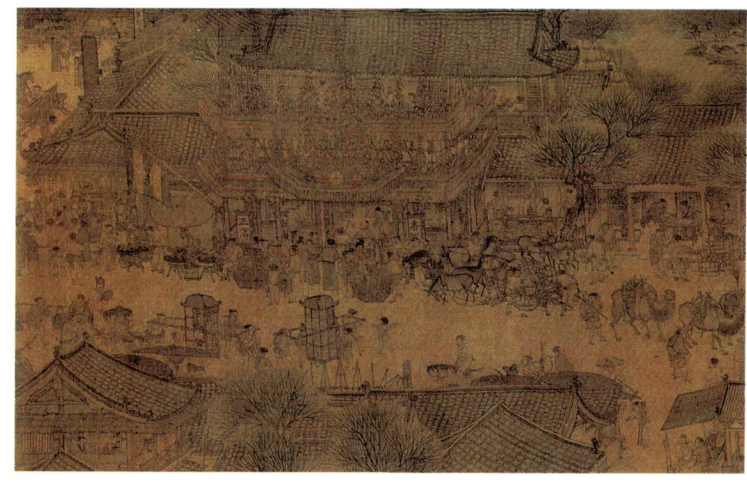

《清明上河图》中的轿子

 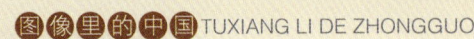

古人的生活

《步辇图》，唐代阎立本绘

此图是目前所能见到的时代最早的皇帝乘坐的步辇形象。画中绘吐蕃赞普于贞观十四年（640）派其丞相禄东赞到长安，进见唐太宗，求婚文成公主一事。太宗盘腿坐于步辇上，其形制即为简易的板舆，两宫女前后抬辇，襻带系于两杠头，挂在宫女颈上。步辇的四角还有四宫女相随，皆双手置辇边框上，以助抬辇

南宋《迎銮图》，绢本设色，纵 26.7 厘米，横 142.2 厘米，上海博物馆藏

唐代除了改"肩舆"为"腰舆",还有一点值得提及,9世纪上半叶,"唐文宗时,妇人本来乘车,近来率用檐子,事已成俗。"可见,妇女乘轿之风始兴于唐文宗(826—840年在位),当然,不是所有妇女,仅限于朝廷命官之妻、母。

直到宋代,才开始有"轿子"一词,"周恭帝即衣白襕,乘轿子,出居天清寺"。虽说以后轿子还有不同的别名代称,但作为这类交通工具的总称或俗名,"轿子"一词一直沿用了下来。

宋代的轿子已改为全遮式,轿身呈立体长方形。用篾席围遮,盔帽式顶盖,四角上翘,左右开窗。轿内置放高脚座椅,乘轿者由"席地而坐"改为"垂足而坐"。自宋至近代,轿子基本上保持了这种固定形制。

清朝的典章制度繁缛而森严,即便是乘轿也不例外。皇帝的轿子皆称"舆",分礼舆、步舆、轻步舆和便舆四种。礼舆内置金龙宝座,轿身左右有直杠,大小抬杠共14根,皆涂红漆,绘金云龙纹,所需轿夫多达16人。礼舆是最尊贵、最庄重,也是最豪华的御轿,皇帝也只有在祭天和祀祖的场合下才乘坐。

自南宋起,无论是达官贵人还是平民百姓迎亲嫁娶,都乘坐轿子,即"士庶家与贵家婚嫁,亦乘檐子"。这类轿子俗称"彩轿"、"喜轿"、"花轿"或"彩亭"。

水上交通工具:船

中国河流众多,海域辽阔,因此,舟船发展也是绵延数千年。

"古者观落叶因以为舟""古人见窾木浮而知为舟"。经过长期实践,古人编木为筏,创制了最早的水上交通工具——筏子。继编木为筏之后，又"刳木为舟"。"舟"是指古代船舶的直系祖先——独木舟。

有了舟，尚不能在水中随意行驶，接着"剡木为楫"。"剡"的意思是削，"楫，捷也，拨水使舟捷疾也"。削木头做成桨，以推进舟的行驶。

独木舟具体出现的时代尚不能断定。1977 年在浙江余姚河姆渡新石器时代遗址，出土一柄用整木"剡"成的木桨，这表明至迟在大约 7000 年前，中国已开始使用独木舟，同时也说明，中国人发明和使用舟船的时间较之车马出现的时代要早数千年之久。

独木舟之后是木板船。木板船的问世，可从商代甲骨文中的象形字中找到记录。这表明，至迟在 3000 年前的商代，中国就已完成了由独木舟到木板船的变革。

汉墓出土的陶船模型
这件出土文件告诉人们，至少在汉代，中国人已经发明了舵。1955 年出土于广州市汉墓。陶船的船头有防浪篷，舷板较高，并系有船锚。据专家考证，这种船形以船尾舵作为定向工具，是古代先民们的伟大发明，在世界航运史上遥遥领先

古代交通工具

《长桥卧波图》,南宋,无款,绢本设色,故宫博物院藏

　　从独木舟到木板船是古代造船史上的一次重大飞跃。一部中国舟船发展史,上下数千年,可以分为三个主要发展时期——秦汉、宋元和明。

　　秦汉是中国造船史上的第一个高峰时期,船只类型多,规模大,行船动力、系泊设施基本完备。

　　人类建造舟船,其目的是要船按照人的意愿在水中航行。这就需要驾驭船只的工具。到秦汉时期,中国人已经发明了撑船工具——篙;用人力推进舟船的木质——桨;控制航向的人力推进工具——橹;张挂在桅杆上的驶风装置——帆;竖立在船上用以挂帆驶风的粗木杆——桅等。

　　宋元是古代历史上海上交通最繁盛、海外贸易最发达的

87

时期。由于海上贸易成为当时政府的重要财政收入，所以宋元两朝积极鼓励海上贸易，从而在客观上推动了造船业和航海技术的飞速发展。

宋元时期，无论是运输货物、商业贸易，还是旅客往来、官员赴任，凡有水可通的地区，大都依靠船舶运载。如往来于长江的航船，每年可达二三十万艘，在黄河中行驶的木船每年也超过 15000 艘。为满足人们对船只的需要，当时的开封、杭州、宁波、温州、广州、泉州、苏州、扬州等地均设有官办造船场。宋太宗至道（995—997）时，"诸州岁造运船……

郑和船队帆船复原模型图

三千二百三十七艘"。南宋初，江淮四路年造船数可达2700余艘。元世祖至元七年（1270），一次就造船5000艘，可见当时造船数量是非常惊人的。

宋元时河船与海船上的附属设备，较之前代又有改进，更为完善，如宋元时已开始使用仪器导航。"舟师识地理，夜则观星，昼则观日，阴晦观指南针。""风雨晦冥时，唯凭针盘而行。"指南针或磁罗经（针盘）是全天候的导航工具，海船使用之后，无论昼夜阴晴，都能沿着正确的航向行驶。此外，这一时期还出现了导航标志，以指示船舶安全进港。如建于南宋绍兴年间（1131—1162）的泉州关锁塔，就是当时进港的导航标志，而且沿用至今。

最能反映明代造船技术水平和能力的，当属郑和所乘坐的宝船。宝船"张十二帆"，篷帆锚舵之大，"非二三百人莫能举动""战船、海船，有（锚）重千钧者"。一钧约合30斤，千钧就是3万斤，一般海船尚且使用重万斤以上的大锚，那么宝船上用锚之巨就更是可想而知了。正是因为有这样巨大而性能优良的船舶，再加上高超的航海技术，才使郑和"舟行巨浪若游龙"，每次都能安全返航。

明末和清代，统治者多次实行海禁政策，使中国原有的造船和航海技术水平急速下降。

古人的生活

陶瓷与玉器

新石器时代的彩陶

历代陶瓷

中国是世界闻名的陶瓷古国。早在8000年前的新石器时代早期,中国就已制作和使用陶器了。瓷是由陶发展而来的,大约在公元前16世纪的商代中期,原始瓷器就出现了。陶和瓷实际上是一种工艺的两个不同发展阶段,两者在原料、烧成温度和物理特性等方面均有一定的区别。瓷器出现后,陶器并没有终止生产,而是形成了两个支流,各自发展。

新石器时代的彩陶

新石器时代晚期,中国杰出的工艺品种彩陶已经出现,此时的文化被称为彩陶文化,因彩陶最早在河南渑池仰韶村发现,亦称为仰韶文化(约公元前5000—前3000)。彩陶是一种红褐色或棕黄色的陶器,上面绘有黑色、红色的装饰纹样。彩陶的分布很广,较为著名的有黄河中上游的仰韶文化、黄河中下游和淮河下游的大汶口文化、长江中下游的河姆渡文化，其中，最具代表性的是仰韶文化彩陶。由于当时人们多将器皿置于地上，于是彩陶的装饰带往往偏上，并考虑了俯视、侧看等不同的观看视角，以体现完整的效果。

汉唐——青瓷

在由陶到瓷的演变过程中，商周时期模仿青铜礼器的印纹陶和原始瓷为成熟瓷器的滥觞。最早出现于商代的原始瓷器，其原料处理和坯泥炼制仍比较粗糙。直到东汉晚期，成熟青瓷才在浙江上虞烧铸成功。之后，绵延千年，盛烧不绝，窑址遍及全省各地。越窑窑址在慈溪、余姚、上虞、绍兴一带。这里唐代属越州管辖，故称为越州窑，简称越窑。越窑品种十分丰富，有碗、壶、瓶、罐、盒、罂和雕塑等，特别是秘色瓷，以其质地细腻、原料处理精细、胎壁较薄、表面光滑、器型

东汉青瓷器系罐与唐代秘色瓷八棱瓶

规整、施釉均匀等特点而备受推扬，在中国陶瓷史上具有极为崇高的地位。

唐代——唐三彩

唐三彩是唐代产于西安、洛阳、扬州的一种低温釉陶器。这种陶器在焙烧的过程中，由于色釉中加入了不同的金属氧化物，形成了浅黄、赭黄、浅绿、深绿、天蓝、褐红、茄紫等多种色彩，但多以黄、褐、绿三色为主，故名唐三彩。唐三彩的色釉有浓淡变化、互相浸润、斑驳淋漓的效果，显出富丽堂皇的艺术魅力。唐三彩器物繁多，主要有人物、动物和日常生活用具，但无论哪一种，其形体均圆润、饱满，与唐代艺术的丰满、健美、阔硕的特征相一致。唐三彩是唐代陶器中的精华，这种多色釉的陶器以它斑斓的釉彩、鲜丽明亮的光泽、优美精湛的造型著称于世，并于初唐、盛唐时达到发展高峰。安史之乱以后，随着唐王朝的逐步衰弱，以及瓷器的迅速发展，三彩器制作逐步衰退。后来又产生了"辽三彩""金三彩"，但其在数量、质量及艺术性方面，都远不及唐三彩。唐三彩早在唐初就输出国外，深受异国人民的喜爱，是中国古代陶器中一颗璀璨的明珠。

唐三彩器物形体圆润、饱满，与唐代艺术的丰满、健美、阔硕的特征是一致的

宋代——青白瓷

宋代是一个名瓷辈出的时代，新兴瓷窑如雨后春笋遍布全国各地，为中国陶瓷业开辟了新的境界。其中，江西景德镇青白瓷窑（今江西景德镇）誉满天下。青白瓷是以宋代景德镇窑为代表烧制成的一种具有独特风格的瓷器，因为它的釉色介于青白二色之间，青中有白，因此称为"青白瓷"。景德镇青白瓷中，以各种瓷盒最具代表性。从宋代至元代，青白瓷一直盛烧不衰。

元明——青花瓷

青花瓷是中国传统名瓷，它给人一种看似色彩单调，实则妙不可言的感觉，正如古人所云："五彩过于华丽，殊鲜逸气，而青花则较五彩隽逸。"青花瓷历史悠久，唐代已有原始青花制作。到了元代，江西景德镇已能生产装饰精致的青花瓷产品，而明代青花瓷在元代基础上更加光彩夺目，特别是永乐至万历年间的景德镇官窑烧制的青花瓷日用品，以其胎釉精细、青色浓艳、造型多样、装饰丰富而著称于世。据说明朝正统年间，英宗皇帝在光禄寺设宴，招待外国使者，100多桌酒席餐具全都用的是青花瓷，宴席散后，清点餐具，少了580件之多，由此可见青花瓷的魅力之大。

元代青花瓷

明代——白瓷

白瓷盛产于明代福建德化，法国人称其

明代德化窑双獬方印

为"中国白",认为这是"中国瓷器之上品"。因德化白瓷制作精细,胎骨细柔坚致,釉质滋润细腻,色泽温润明亮,形体晶莹剔透、凝脂似玉,故有"象牙白""猪油白""鹅绒白"等美称,被誉为"国际瓷坛的明珠"。

白瓷产品大部分造型是民间百姓常用的日常器具,如碗、盘、盆、杯、碟、壶、炉、盒、洗、盏以及文人墨客和宗教方面的用品和陈设品等。其中梅花杯、龙虎杯、犀牛杯等大量销往法国、英国等欧洲国家。明代也是德化陶瓷史上瓷塑艺术最为繁盛的时期,白瓷雕作也不例外,造型很多,主要是佛教人物造像,如观音、达摩、弥勒、如来、文殊、菩提等。"猪油白"瓷以其特色工艺及艺术的独到之处,载入中国和世界陶瓷史册。

清代——珐琅彩瓷

珐琅彩瓷是清代专为宫廷御用而特制的一种精细彩绘瓷器,少数产品也用于犒赏功臣。它始创于清代康熙晚期,至雍正时得到进一步发展。

珐琅彩瓷的制作方法是先由景德镇官窑选用最好的原料

烧制成素胎送至宫廷造办处，由宫廷画师精工绘画后，在宫中第二次入低温炉烘烤而成。清代后期仍有少量烧制，但烧造场所已不在清宫中而移至景德镇。

珐琅彩瓷的特点是瓷质细润、彩料凝重、色泽明丽、画工精致。康熙时的珐琅彩瓷大多作规矩写生的西番莲和缠枝牡丹，有花无鸟，显得单调。而雍正时的珐琅彩瓷以花卉居多，山水、人物也有。尤为突出的是画面上配以相呼应的题诗。雍正的这些题诗书法极佳，并于题诗的引首、句后配有朱文和白文的胭脂水或抹红印章。乾隆时的珐琅彩瓷画面则出现了一些完全仿西洋画的意蕴。

由于珐琅彩瓷制作工艺非常讲究，不计工本，加上当时产量又不多，所以大部分都是艺术精品。

清代的珐琅彩瓶

历代玉器

中国是世界上的主要产玉国,据《山海经》记载,中国产玉的地点达 200 余处。其中,最著名的产玉地是新疆和田。和田玉藏量丰富、色泽鲜艳、品质优良、价格昂贵,是中国古代玉器的重要原料。此外,甘肃的酒泉玉,陕西的蓝田玉,河南的独山玉,辽宁的岫岩玉等,也是中国玉器的常用原料。中国玉器源远流长,远在 8000 年前,内蒙古赤峰市敖汉旗先民们,就开始有意识地以美玉打扮自己,美化生活,揭开了中国玉文化的序幕。

8000 年前的玉玦

从目前的考古发掘资料来看,中国最早的玉器出现于距今约 8000 多年前的内蒙古赤峰市敖汉旗兴隆洼文化(兴隆洼文化被认为是东北红山文化的源头)遗址中。在兴隆洼文化遗址出土的玉器中,玉玦的数量最多,是兴隆洼文化最典型的玉器之一。玉玦是人的耳饰,形似小玉璧,但有一缺口。兴隆洼玉玦的玉料大多数是透闪石。玉玦在战国以后,不再流行。

战国佩玉

"佩玉"是佩饰的一种,在中国古代,佩饰主要是指悬挂在腰带上的饰品。一般来说,佩玉多为成串的组合,有时一串佩玉会由 10 件乃至几十件玉器组成,这种被编串在一起的玉器佩在身上,走起路来铿锵有声,即《礼记》上说的"行则鸣佩玉",苏东坡也有"更爱玉佩声琅珰"之说。由于玉

8000 年前的玉玦

战国玉虎

　　佩只有在不快不慢、富有节奏的步伐下,才会发出悦耳动听的声音,因此佩玉的君子行走时必须温文尔雅,没有丝毫的邪念。因而,玉在整个中华传统文化中具有相当重要的地位,发挥着其他工艺品不可比拟的作用。而这种重要地位的形成是与中国古人思想观念的发展变化密不可分的。

　　在春秋战国时期,"玉"常常被赋予道德观念的意义,其物理特性被比附为君子之德,如孔子在《礼记·聘义》中比附的玉德有仁、义、礼、知、信、乐、忠、天、地、德、道11项之多;东汉许慎在《说文解字》中则提出玉有五德之说,即仁、义、智、勇、洁。中国自古就有"君子与玉比德"的传统,才有了"凡带,必有佩玉""佩玉表德""古之君子必佩玉""君子无故,玉不去身"之说,因而战国时期的佩玉之风盛行。

　　战国时期的佩玉在全国各地均有出土,其中湖北随县曾侯乙墓出土的16节"镂空多节佩玉",是迄今发现的制作难度最大的战国玉器。这件佩玉分为5组,分别由5块不同形状的白玉雕琢而成,并采用镂空套环、榫头和铜插销等配件

连接成一串,全长达 48 厘米。更具匠心的是琢玉者还把这些连接件设计成可拆卸的活环,可分成 5 组小型佩玉。在浮雕及线刻手法上,饰龙蛇、凤鸟纹,并以蚕纹、弦纹、云纹、绳纹等作为辅助纹饰。其繁复的纹饰,还明显带有春秋时期玉器装饰的风格,其晶莹润泽的玉质,匠心独运的设计,玲珑剔透的装饰,使其成为一件前代绝无仅有、后世也不多见

元代渎山大玉海

元代渎山大玉海细部

的稀世珍宝。这件佩玉隐隐流露出战国时代生机勃勃、浪漫自由的审美情趣。

元代渎山大玉海

由于城市经济的繁荣和金石学的兴起,宋以后的元、明、清三代,迎来了中国玉器发展史上的鼎盛时期。不仅玉器的数量迅速增多,制玉的技术多有创新,而且玉器的功能发生了重要变化,即玉器作为礼器的功能逐渐减弱,而日常欣赏的功能得到了加强,使接近现实生活的装饰玉占据重要地位。最能体现这一时期玉器变化特色的杰出作品就是巨型玉雕的问世,其中元代的"渎山大玉海"首开大件玉雕作品的先河。

渎山大玉海又称"玉瓮",是一件巨型贮酒器,它重达3500千克,口径135—182厘米,深55厘米,可贮酒30余石,是中国最早的大型玉雕作品,是划时代的艺术珍品。这只玉海可谓出身名门、血统高贵。它是元朝至元二年(1265),忽必烈入主京城后,为大宴群臣犒赏将士,特令数十名工匠开采一整块黑质白章的河南南阳独山玉精雕细琢而成的。该玉瓮口呈椭圆形,周身雕刻波涛汹涌的大海,浪涛翻滚,漩涡激流,气势磅礴。在海涛之中,又有龙、猪、马、鹿、犀、螺等神异化动物游戏其间,海龙下身隐于水中,上身探出水

面，张牙舞爪，戏弄面前瑞云托承的宝珠。猪、马、犀、鹿等动物遍体生鳞，可以说这是一幅活生生的龙宫世界的景象，神秘莫测。

该器不仅形体巨大、气度不凡，而且雕工极其精到。它继承和发展了前代琢玉工艺上"量料取材"和"因材施艺"的传统技巧，在俏色方面更加匠心独运、技艺高超，如利用玉色的黑白变化来勾勒波浪的起伏，表现动物的眉目、花斑等。

元朝初年，虽已统一中国，但仍不失游牧民族的剽悍之气，所以渎山大玉海尽管工艺上精益求精，却并不流于繁琐，自有一种雄浑豪放的气魄。它的确是元代审美倾向的重要代表作之一。

大禹治水图玉山局部

清代玉器之王

玉器在清代得到了空前发展，林林总总的玉器中，成就斐然的代表作，应该说非"大禹治水图玉山"莫属。

大禹治水图玉山，高224厘米，宽96厘米，重5350千克，完成于清乾隆年间，是中国也是世界上最大的玉器，被誉为"玉器之王"。玉山用料产自新疆和田密勒塔山，为致密坚硬的青玉。据载，这块珍稀巨石，先后花了3年时间才运到北京。先由宫廷玉器巧匠设计，画成纸样，再在大玉上临画，制作蜡样，最后才送扬州琢制。从乾隆四十六年（1781）始至乾隆五十二年（1787）完工，整整6年，花费银两以万计，用工达几十万人次。乾隆帝制此器的目的是想通过颂扬大禹治水的功绩，表白自己师法古代圣王之心，博取明君的声名，并以此显示国力的强盛。

玉上雕有峻岭叠嶂、瀑布急流，遍山古木苍松、洞穴深秘；在山崖峭壁上，成群结队的劳动者在开山治水等画面。玉山正面中部山石处，刻乾隆帝阴文篆书"五福五代堂古稀天子宝"10字方玺。玉山背面上部阴刻乾隆皇帝《题密勒塔山玉大禹治水图》御制诗，下部刻篆书"八徵耄念之宝"6字方玺。玉山底座为嵌金丝山形褐色铜铸座。综观大禹治水图玉山这一巨型玉雕作品，可谓是中国玉器工艺美术史上一次伟大的创举。

古代钱币

中国古代钱币萌芽于夏，起源于殷商，发展于春秋战国，统一于秦，历经4000多年。不仅如此，中国古钱币系统之完整，门类之丰富，脉络之清晰，内涵之博大，在世界古代钱币史上也是少见的。

先秦钱币

在新石器时代晚期，贝壳比较珍贵，它小巧玲珑，色彩鲜艳，坚固耐用，成为原始居民喜爱的一种装饰品，由于它便于携带、计数，所以随着商品社会的形成，天然贝就逐渐充当起商品交换的一般等价物的职能。"贝"作为货币，不仅给中国人的经济生活带来便利，也对中国文化、风俗产生深刻影响。从现行的中国汉字中，可以看到大多数与钱币发生关联的事物或行为都有"贝"旁，如货、贡、贸、贾、贿、财、贪、贫、费、赔、赎等。

战国贝币

商代铜仿币

商朝晚期,随着商品交换不断扩大,加上有些地方不容易获得海贝,人们开始以其他材料仿制贝形,于是便有了骨贝、石贝、铜仿贝等。其中铜仿贝的发明是中国金属铸币的开始。现存资料表明,西周至春秋,青铜金属铸币已经出现。

春秋时期,楚国使用的"蚁鼻钱",属于仿贝铜币,其背面扁平,正面突起,上面铸有阴文,看似很像蚂蚁的鼻尖而称之;又因上面刻有似"贝"非贝的怪异字形,又称鬼脸钱。这类钱大小不一,铸造工艺已脱离就范刻文的原有方法。因其比刀币布币交易方便,而且使用时间较长,所以中国许多地区都出土过蚁鼻钱。

商代铜币和战国包金币

公元前5世纪的楚国"蚁鼻钱"

古人的生活

耸肩尖足空首布和平肩空首布

仿农具钱币——布币

公元前6世纪后期,"贝币"已不能适应市场交换的需要了,例如,有时为了买一头牛,要背上成斗的"贝币"或者"仿贝",支付时的计算也很麻烦。东周景王二十一年(前524),国王下令铸造大钱——"布币"。

最早的布币首部中空,保留着作为农具时安柄的銎,称作"空首布"。最初的空首布酷似农具,原始而厚重。空首布在流通过程中也存在着许多不利因素,如方形中空的首部

相关链接

古人为何称钱币为布币

古代,曾把一种类似今天锹的挖土工具称为"镈"。在物物交换的时代人们经常拿这种"镈"去换取别的东西,但这种交换比较麻烦,周景王时便铸微型"镈"为货币,微型"镈"没有了挖土的功能,成了公认的交换媒介。"布"是"镈"的同声假借字,在古代通用。因最初的布币酷似劳动工具铲,又称铲布。

及尖锐的肩和足,既容易伤人,又不便于大量携带和存放,后来,布的形状逐渐变薄变小,而且有的铸上了数字,如"一釿""十二朱",有的铸上了干支,有的铸地名等,有了这种大面额的货币,交易起来就方便多了。

布币主要流行于中国北方的黄河流域。空首布主要为周王室及晋、卫、郑、宋等国的货币。其他诸侯国如韩、赵、魏、燕、楚等也使用布币,但币形有所改进:无銎、币身完全成为片状,即"平首布"。平首布比空首布更便于铸造和携带。另有一种三孔布为赵国或中山国的货币。

比"空首布"更便于携带的"平首布"

齐国的刀币

"齐刀"以厚大精美而著称,基本形制是尖首、弧背、凹刃,刀的末端有圆环,面、背有文字或饰纹。

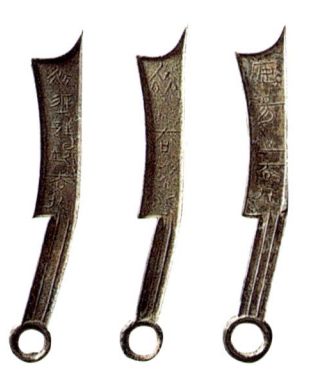

齐刀

燕刀

105

齐国按照当地的风俗习惯铸行了一种形状像青铜刀的青铜铸币,称之为"刀币"。"刀币"最初在齐国行用,到了战国时期在燕赵等地也与"布币"并行流通。齐国刀币上面常有齐、安阳、即墨等地名。燕、赵刀币比齐刀为小。燕刀上有一明字,俗称为明刀。赵刀上则有邯郸、白人等地名。

燕地使用"刀币"的时间在千年以上,只是地处偏僻,工艺较为落后,其刀币略显粗糙,然而却具有一种深厚的乡土风格,率直生动。

最早的圆形金属币

战国时在三晋和周王室控制的地区出现了圆孔的圆钱,后来齐、燕、秦也铸造圆钱,但改圆孔为方孔。根据传世品和地下发掘可知,战国时发行的钱币数量是相当多的。

垣圜钱

战国中至末期,垣圜钱为中国最原始的圆形货币之一,其币身的右侧有一个大型的"垣"字篆书,青铜制,重约8克。钱币直径为40毫米。

战国燕"明化"圆钱

战国"垣"字圆钱

秦汉至隋钱币

秦始皇统一六国后，废除了战国时期各国不一的刀币和布币，规定以圆形方孔的半两钱为法定货币。以黄金为上币，用镒为计算单位，1镒为20两；以铜为下币，用钱为计算单位。秦汉的1两是24铢钱，1斤（16两为1斤）铜可铸钱32个。

圆形方孔的秦半两钱在全国的通行，结束了古代货币形状各异、重量悬殊的杂乱状态，是中国古代货币史上一次由杂乱向规范的重大演变。秦半两钱确定下来的这种圆形方孔的形制，一直沿用到清朝结束。

秦汉半两钱及钱范

知识窗

为什么铜钱都是方孔的？

圆形方孔铜钱在中国使用的历史最为悠久，自公元前3世纪初至20世纪初，共使用了2000多年。这中间，无论朝代怎么更换，铜钱的大小、轻重怎么变化，圆形方孔的形制始终未变。对此，历来解释不一，有的从文化角度解释，因为古人认为天圆地方，所以把钱制成外圆内方，以配天地；有的从经商角度解释，认为外圆内方，暗喻经商既要圆滑又要坚守诚信原则；有的从美学角度解释，认为一方一圆，方圆相济，方圆相辅，这才完美……其实，并没有那么复杂，这主要是由当时制造铜钱的工艺所决定的。过去制造铜钱，采用的是熔铜浇铸法，浇铸出来的铜钱边缘不光滑，考虑到方便打磨，就在铜钱的中间开了一个方孔，如果孔是圆的，打磨时钱会转动。这样，此法就沿袭了下来。

古人的生活

汉代"大泉五十"陶范

西汉初仍用半两钱，只是每个铜钱的分量减轻了，有了8铢和5铢的钱。汉武帝统治期间，先后进行6次币制改革。汉武帝元狩五年（前118）"改铸五铢钱"，钱文"五铢"。五铢钱轻重适中，合乎古代的社会经济发展状况与价格水平对货币单位的要求，因而在汉武帝以后的西汉、东汉、蜀、魏、晋、南齐、梁、陈、北魏、隋均有铸造，历时长达739年，是中国历史上铸行数量最多、最为成功的长寿钱。西汉时的五铢钱有郡国五铢、赤（侧）仄五铢、三官五铢、宣帝五铢以及小五铢、金五铢等。

三官指钟官、辨铜、均输（技巧），统指政府铸钱的机构。三官五铢与郡国五铢不同，其由中央政府统一铸造，制作精美，边廓工整，重量准确，钱文秀丽，为钱中楷模。

汉武帝推行的钱币政策由三官署统一管理，有许多好处：第一、使钱币标准化，规律化；第二、提高铸钱的技术水平；第三、增加了钱币的生产量；第四、有效防止私铸；第五、容易控制发行。

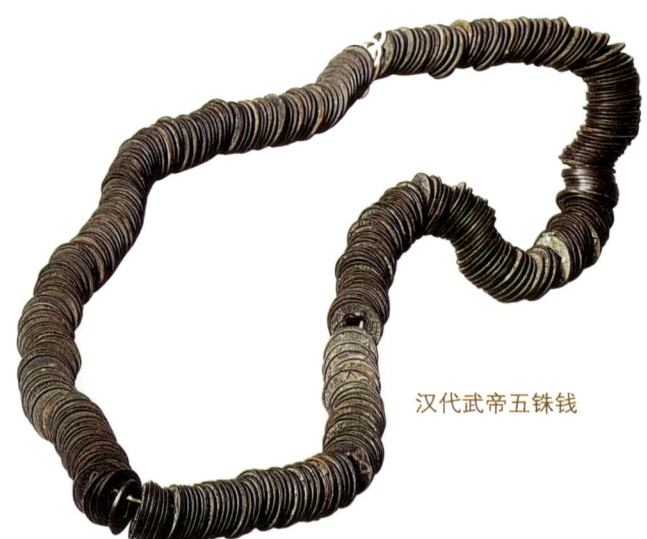

汉代武帝五铢钱

中国最早的金质方孔圆钱

西汉武帝时铸造的五铢钱，重3.33克，故以为名。五铢钱，流通达700多年之久（至隋代仍仿此制）。钱币直径为26毫米。

五铢钱通行的700多年中，各王朝或地方政权所铸的钱币，基本上不出五铢的范围，而汉以来的各种旧钱，长期以来一直流通。只有王莽代汉和后赵政权例外。

王莽代汉时，恢复了先秦时期的刀币、布币及大泉五十、货泉等圆钱，行用时间很短。

丰货钱

丰货钱有篆书、隶书两种，其钱文由右向左横读，钱面分有内廓或无内廓，钱径多为2.4厘米，重2.1克至2.8克。

中国最早的金币原来是功勋奖章

汉武帝于公元前129年发动了对北部匈奴的战争，接着又派重兵征服了南越（两广及越南北部地区）和滇国（今云南大理一带）。为鼓励官兵的作战士气，汉武帝下令让"上林三官"钱局，铸造了一批金质五铢钱用于奖赏战功卓著者和致残将士。因"金五铢"是御赐品，很少用于流通，均被获得者珍藏或死后随葬。

魏晋十六国时期，有个叫石勒的人，于襄国（今河北省邢台）称王，建立后赵。石勒是个穷苦人出身，他自称赵王后代，希望给广大百姓以富裕，便铸造并颁行了新货币，名曰"丰货"钱。丰货钱在历代素有富钱的称谓。古人以为，藏有丰货钱会使人家财丰富。

中国古代币制转折的重要标志：开元通宝

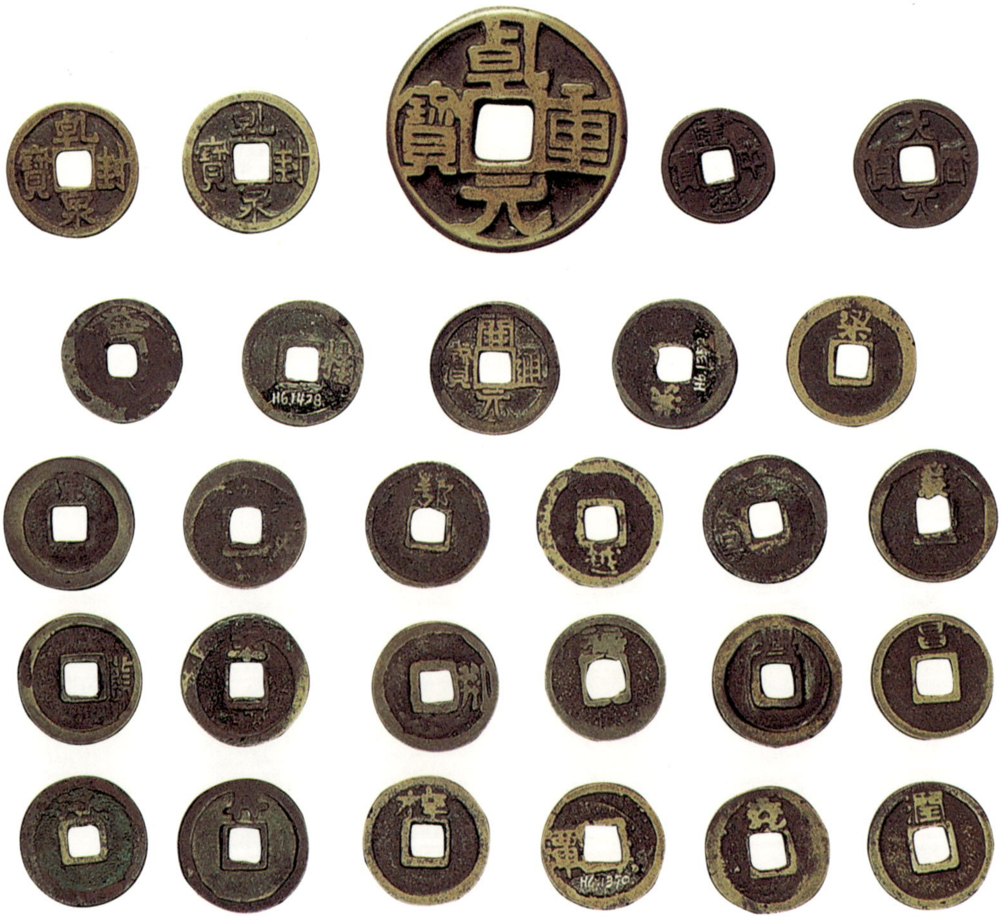

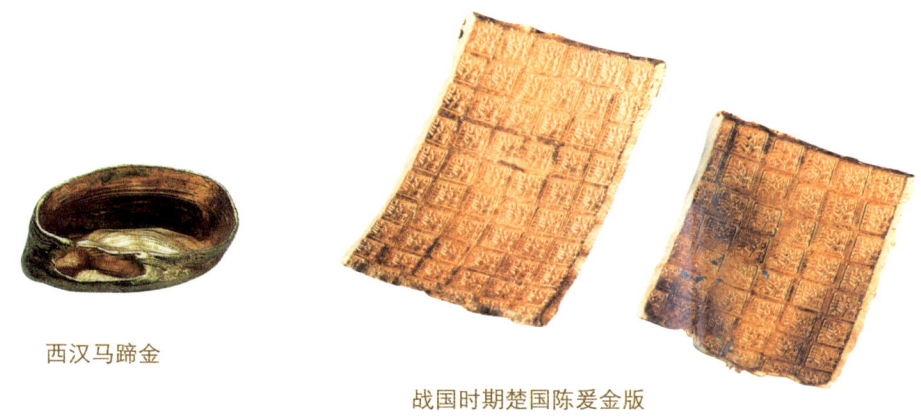

西汉马蹄金

战国时期楚国陈爰金版

唐至明、清钱币

唐高祖武德四年（621）铸开元通宝。这是中国古代币制上的重要转折点。此后，铜钱上不再标明重量（五铢、三铢等），而代之以通宝或元宝之类的名称。唐高宗时铸乾封泉宝，肃宗时铸乾元重宝，这两种钱都较少。从玄宗到武宗时，仍铸开元通宝。武宗铸会昌开元，背面有京、洛等字以纪铸地。

开元通宝是唐代主要的通行货币，铜质优良，铸工精整，流传下来的实物数量很多，表明唐代货币经济较为发达。

宋代货币需求量不断增长，宋神宗时每年铸钱达500多万贯，创历代铸钱的最高纪录。南宋铸钱也很多，因而两宋铜钱传世者甚多。宋钱有以下的一些特点：一是年号钱多，从太宗铸淳化元宝之后，各帝几乎每改元一次便要铸造有新年号的钱币，这对元、明铸钱有很大影响；二是铸钱大小不等；三是钱文书体多样，从篆到隶、楷、行、草，应有尽有，有时还用皇帝的亲笔，即所谓御书体，如出现于崇宁、大观钱上的瘦金体，就出自徽宗手笔。铸造货币和书法艺术相结合，也是宋代文明发达的例证之一。

元、明、清纸币较多，故铸钱较少，民间多用旧钱交易。

其他钱币

除铜币外，中国古代还流行过铁钱、铅钱、金银、金银钱、纸币，南北朝以后且有外国钱。除实用的钱币外，还有专供随葬之用的冥钱和为辟邪及祈求吉祥而做的压胜钱。

金银和金银钱。中国以黄金为币可能始于战国。金币分金版、金饼两种。金版为方形或中间带束腰形者，上面打印着几十个"郢爰""陈爰"等字样的方形戳印，使用时可切割成小块，仅通行于楚。金饼为圆形或马蹄形，通行于楚及其他国家。金版和金饼的含金量高达99%。西汉时金币有饼状的麟

相关链接

元宝的来历

元宝有两种含义。其一是中国古钱币的一种名称。唐宋两代铸造较多。因唐代"开元通宝"被误读为"开通元宝"而得名。最早使用元宝这一名称的是唐代，如"顺天元宝""大历元宝"，宋代有"淳化元宝"。其二指的是古代铸的金银锭。元朝忽必烈以库银为元宝，取"元朝之宝"之意，黄金叫作金元宝，银锭叫作银元宝。也有的说"元宝"始于至元十三年（1276）。这一年，元军灭南宋后，回到扬州，丞相下令搜查部队行李，将搜查出来的撒花银子统统销铸作锭，取名"扬州元宝"，呈给忽必烈。当时所铸元宝形呈马鞍，两端圆弧，中间束腰。背部镌有"元宝"阴文大字。

清代银元宝

趾金和马蹄金。白银为币也始于战国，但远不如金币普遍。

宋代白银开采量较大，银币形式由过去的长条形变为粗短并带束腰的锭形物，也即后来所说的元宝。宋至清的银锭多有出土，锭上大多有刻款。

纸币

中国使用纸币始于北宋。当时因铜钱携带不便而实行信用券制度，初行于商人之间，后为官府所采用，称为交子或钱引。南宋时称纸币为关子或会子，发行量较北宋多，金效法宋而发行钞币，1154年曾发行贞元交钞，嗣后又出贞祐宝券、兴定宝泉等。近年在陕西、山西相继发现贞祐宝券的铜版。

元代继金而发行钞币，并禁止民间用铜钱交易。忽必烈于中统元年（1260）造中统宝钞，面额分成10等。至元二十四年（1287），又发行至元宝钞，面额分为 11 等。元代初行钞法时，以银为本，钞价较稳定。

明代也用纸币，明初发行大明通行宝钞，也有大小不同的面额。明代钞币仅此一种，约流通百年之久，以后为铜钱所替代。

南宋纸币——会子

汉代花钱——"长毋相忘"和"日入千金"。花钱是专供某种需要的辟邪品、专利品、纪念品

清代压胜钱："状元及第一品当朝"

独特的钱币——压胜钱

压胜钱，亦称厌胜钱，是中国古代所铸的吉祥辟邪钱币，常用于宫廷吉庆、赏赐和民间喜庆馈赠，其铸行起源于两汉时期，鼎盛于明清，历朝均有铸造。其钱文之祥瑞，形制之古朴，图纹内涵之丰富，皆为今世所无。

"压胜"，意为压伏邪魅、避邪祈福。

压胜钱质地为铜或其他金属。汉代的"辟兵莫当""日入千金"，即属年代最早的一些压胜钱。

压胜钱的价值在于其丰富的图文内涵，这些图文综合吸收了历代绘画、剪纸、刺绣、织锦的构图方法和风格，主题丰富、构思新奇、铸造精美，由于直观地反映了各个时代的社会文化特色、社会各阶层的价值取向，压胜钱成为古钱币文化史上独一无二的艺术之花。

古人的生活

民间玩具

陶鸡，1979年湖北省天门县石家河新石器时代遗址出土

玩具一词，始见于宋。把玩具说成是"逗小孩玩儿之物"，则源于汉代。东汉末年有位叫王符的人，写了一本《潜夫论》，其中在《浮侈篇》中说："或做泥车、瓦狗，马骑倡俳，诸戏弄小儿之具，以巧诈。"王符的目的是在抨击达官贵族人家的骄子行为，但却侧面反映出早在汉代，为儿童制造玩具之风已经盛行。玩具，在民间俗称"耍货"，又叫"小玩意儿"。有的供观赏，有的能吃，有的能把玩，有的能吹出音响来，天上飞的，地上跑的，五花八门，应有尽有。

玩具自古至今一直伴随着人们的生活，民间玩具历史悠久，分布地域广阔，花色品种繁多，制作材料庞杂。按照功能特征划分，可分为节令玩具、益智玩具、音响玩具、健身玩具、观赏玩具和实用玩具；按照制作材料可分为泥玩具、布玩具、竹木玩具、纸玩具等。

泥玩具

泥玩具是中国民间玩具中历史最悠久、分布最广泛、和民俗结合得最紧密的玩具种类。中国泥玩具依赖于本土的审美眼光，泥土味十足。正因为这一点，民间泥玩具才有了"率真"和"质朴"的品质，也因此才使得民间泥塑艺术历久不衰。

中国泥玩具的先驱之作可以追溯到新石器时代。考古工作者在许多史前遗址中发现了不少用泥巴捏成的陶猪、陶羊、陶鸡、陶鱼、陶鸟、陶人面等，这些古老而珍贵的泥玩具，足以证明中国泥塑的历史可以上溯到 7000 多年前的新石器时代。

到了东汉时期，泥玩具、陶玩具已经比较普遍。现存最早的泥玩具实物是唐代泥人。1973 年，新疆阿斯塔那唐代古墓群出土了大批珍贵的唐代文物，其中 201 号墓葬出土了一组由 4 个人物组成的彩塑劳动泥俑，反映了当时制作食品的情景。

宋代以来，泥玩具得到了迅速发展，不仅出现了以制作泥玩具为业的民间艺人，而且泥玩具还成为了商品，城镇市

西汉彩绘纹乐舞技巧俑,山东省济南市无影山出土,表演内容有歌舞、倒立、柔术及翻筋斗等

场上出现了专售泥玩具的货摊、货担,几乎每个地区都有自己的泥玩具,而这些泥玩具又与当地的风土人情紧密联系在一起。

泥娃娃中最有代表性的作品是"大阿福"。各个历史时期的阿福形式并不完全相同,其基本造型却大致相同,一个或一对健康丰美的胖娃娃,怀抱金毛大青狮,含羞带笑,表现出敦厚朴实、稳重端庄的气质。造型极其简练,盘膝而坐,令人见而生爱,具有强烈的江南民间情调。

一般来说,民间泥塑分"细货"和"粗货"两大类。"粗货"主要供儿童们玩耍;"细货"行销在都市街头,可摆在案头上细细观赏,常作为室内陈列的装饰品。

源于明代的江苏无锡惠山泥人是中国泥玩具的代表。早期的惠山泥人以儿童玩具为主,称为"耍货"。早期作品主要有"大阿福""小花囡""老寿星""皮老虎"等。这些玩具多为模制,以单片模或双片模印制泥胎,晾干后上底粉、施彩绘

清代无锡惠山泥人代表作品大阿福　　"以心写神"是中国泥塑玩具的创作原则

声绘色。还有不少品种可以活动或发声，通过吹、拉、摇动造成音响效果，很适宜儿童。

清代乾隆年间，惠山开始出现专以制作泥人为业的手工作坊，泥人生产开始转变为稳定的手工行业。泥人的品种增多、质量提高，出现了"渔翁""寿星""东方朔""张仙送子""小尼姑下山"等作品。这些作品的观赏性有所增强、装饰性和艺术性也有提高，开始形成惠山泥人的基本风格，为后来的全面发展奠定了基础。

风筝

公元前5世纪，中国就有关于风筝的记载。最早的风筝并不是玩具，而是多用于军事、通讯、测量等方面。风筝在唐代虽然得到较大的发展，但并没有普及；直到宋代，风筝才得以全面普及。南宋《西湖老人繁胜录》记载"京都有四百十四行"，其中包括"风筝"这一行。这说明，风筝的

古人的生活

生产制作已经职业化,销售行业也已出现。

据刘仲达所著《鸿书》记载:"公输班制木鸢以窥宋城。"《韩非子》一书载:"墨子为木鸢,三年而成,蜚一日而败。"墨子与鲁班都是鲁国人,据此可推断,风筝鼻祖"木鸢"发源于齐鲁一带。

从宋代开始,风筝就已经走进了平常百姓家,成了玩具。

明清两代,风筝进入鼎盛阶段。虽然,明代风筝的实物资料已经很难见到,但从古代绘画及陶瓷、雕刻等工艺的装饰图案上可以看到明代风筝的形象。

明代瓷器上有的风筝类似于瓦片,瓦片风筝是民间自制风筝中最简单的一种,也是最普及的一种,俗称"屁股帘"。瓦片风筝的出现,证明了至少在明代,中国人对风筝放飞原理已经有了深刻的理解。

明清时期,风筝开始和各种民间工艺有机地结合起来。当时的年画作坊还用木版年画来印刷风筝纸,民用纸扎艺人

相关链接

风筝的起源及风筝名称的来历

风筝,在中国已有几千年的历史了。中国早期的风筝不是为了游戏而制造的,而是出于军事目的,名字也不叫风筝,而叫"鸢"。根据中国史书记载,2000多年前的春秋战国时期,有"墨子为木鸢,三年而成"的记载;西汉时期,用帛绢糊制的叫"风鸢";唐代,又称为"纸鸢"。

为什么人们把纸鸢又叫作风筝呢?在10世纪初的五代时期,有个叫李邺的人,在风鸢上缚上了一琴弦,风筝升空后,遇风发声,声响如筝鸣(筝是中国一种古乐器),所以后人把风鸢又叫作风筝。当时有诗咏风筝:"夜静弦声响碧空,宫商信任往来风,依稀似曲才堪听,又被风吹别调中。"作者所咏的风筝就是装有琴弦的那种。

清代孙悟空风筝，山东省潍坊市风筝博物馆藏。

所用的装饰手法和材料也多样化起，有贴纸、纸塑、剪纸、描金银、加纸花等。在音响装置上也有发展，"以竹芦贴簧，缚鹞子之背，因风气播响，曰'鹞鞭'"。在沿海一带，还有用葫芦、白果壳做成哨子，个数、大小不一地装在风筝上，发音雄浑，周围几里均能听到。

明清时代，风筝这种普及性极强的玩具得到了中国社会各阶层的欢迎，平民百姓、达官贵人及宫廷贵族均有放风筝的习俗。许多文学家、画家还以风筝为题材，吟诗作画，留下了不少佳作。

在中国北方地区，人们将放风筝赋予一种"放晦气"的寓意，随着风筝的飞升，病根也远离人们而去。人们在风筝身上寄托了对生活的向往与追求。直到现在，还有不少地区仍保有放风筝可以"放走晦气"的观念。把风筝放入高空后，故意剪断手里的牵线，让风筝随风飘走，象征着把不吉利、灾祸与疾病送到九霄云外。有些地区还认为风筝是年景好不好的标志，在立春日，风筝飞得越高，这一年的年景越好。

清光绪红缎绣百子放风筝图垫料

放风筝，选自《北京民间风俗百图》

益智玩具

中国民间玩具中有一种启迪智慧、增强智力的"益智玩具"。这类玩具可分为棋类、环类、板类、牌类及移块类五类。

棋类玩具，如"五子棋""井字棋"等，都是简便易行、老幼皆宜的消遣性益智玩具。这些简易的棋类在民间广为流行，多数品种没有专用棋子，随便拾取若干木块、瓷片、石子、树叶或果核即可成局，棋盘就画在地上或石板上，田间地头都可以玩，普及性极强。

环类玩具，有九连环、蛇环、花篮环和孔明锁等多种。成本低、趣味性强，是消遣、娱乐的理想玩具。其中部分品种如九连环、孔明锁等也曾引起文人和上层社会的重视，是中国传统智力玩具的代表作。

孔明锁

孔明锁，相传是三国时期诸葛孔明根据八卦玄学的原理发明的一种玩具，曾广泛流传于民间。它对放松身心、开发大脑、灵活手指均有好处，是老少皆宜的休闲玩具。孔明锁看上去简单，实际上内中奥妙无穷，不得要领，很难完成拼合。

孔明锁属于拼插玩具，玩具内部的凹凸部分啮合，十分巧妙。孔明锁类玩具比较多，

中国传统的智力玩具：孔明锁。

形状和内部的构造各不相同，一般都是易拆难装。拼装时需要仔细观察，分析其内部结构。

板类玩具也叫"拼板玩具"或"拼图玩具"，包括七巧板、益智图、十六巧、二十一巧等，均以拼排图形的方式来培养创造能力和编排能力。拼板玩具多为古代文人所创，经不断总结修改，才成为固定的样式，流传民间后，深受欢迎，久传不衰。

七巧板

七巧板也称"七巧图"，是中国著名的拼图玩具。因其设计科学，构思巧妙，能活跃形象思维，特别是能启发儿童智慧，所以深受欢迎。传到国外后，风行世界，号称"唐图"，意即"中国的图板"。它的发明是受了唐代"燕几"的启发。"燕"通"宴"，所谓"燕几"，就是宴请宾客的几案（桌子），其特点是可以随宾客人数多少而任意分合。它的大致形制从传世的《韩熙载夜宴图》中可见一斑。到了北宋，有位叫黄伯思的秘书郎，将这种"燕几"设计成6件一套的长方形案几系列，既可视宾客多少拼合，又可分开陈设古玩书籍。案几有大有小，取名"骰子桌"。他的朋友又为他增设一件小几，以增加变化，所以又改名"七星桌"。七巧板的雏形，就在这兼备实用价值和艺术审美的拼合案几中产生了。

清初始有七巧板，成为游戏器具。嘉庆年间养拙居士所著《七巧图》刊行于世，使七巧板广为流传。其形制也成定式，即大三角形两块、小三角形两块、中三角形和正方形、菱形各一块，合成一个正方形或一个长宽二比一的长方形。由于这种玩具简单到可以由小孩子自己用厚纸板制作，而玩起来的无穷趣味又足以使成人为之着迷，所以流传极广。北京故宫博物院现存的清朝宫廷玩具中，就有一副盛放在铜盒中的七巧板。

音响玩具

音响玩具是指在玩耍过程中可以发出音响的玩具。音响玩具的材料是多种多样的，如陶瓷、金属、泥土、竹木，还有玻璃、贝壳、果核，甚至柳叶等，都可以成为制作音响玩具的材料。材料的多样化决定了音响玩具的丰富多彩。

音响玩具品种丰富，但多为低幼儿童用品。声音悦耳、形体轻巧、造型生动，是音响玩具的特点。此外，模仿乐器的音响玩具较多，如小鼓、小锣、小钹、小喇叭等。

空竹

空竹是一种饶有趣味的健身玩具，具有较丰富的内涵，成为历代相传深受人们欢迎的民间音响玩具。相传，三国时

七巧板的雏形："七星桌"

七巧板的拼法

期曹植曾作过一首《空竹赋》,如果这是有关空竹最早的记录,那么空竹的历史至少也有1700年了。《水浒传》110回写道,宋江在受命征讨方腊的路上看到有人玩"胡敲"。当然,小说是后人所写,但也表明,写书人生活的时代,抖空竹已经很常见了。

据考证,空竹最早是由陀螺演变而来的一种民间儿童玩具。在不同的时间和地域,空竹有不同的名字。明清以前,人们叫它"空钟",在南方有人叫它"嗡子"、天津人叫它"风葫芦"、四川人叫它"响簧"、山西人叫它"胡敲"、长沙人叫它"天雷公"、台湾人叫它"扯铃"、北方人大多叫它"空竹"。

空竹巧妙利用力学与声学原理制成,构造并不很复杂。明末《帝京景物略》说"空钟者,刳木中空(实则截竹成小段),旁口(竹段开小孔)",口内装半圆竹成"哨",竹段上下的截面以薄木板封严,成为风匣;板之圆心穿竹棍,上长下短,用粗线绳绕在长柄上,"别一竹尺有孔",将绳儿穿过竹尺的孔,用力勒紧,然后急放,空钟就在地面上不停旋转并发出哨声(气流入孔因压强大又排出)。

现在人们所说的空竹与此不同:一是体量比空钟大;二是两个风匣之间有轴儿,轴中间成细颈,以两根尺余长竹棍系绳绕颈,可以抖动;三是两个风匣谓"双头儿",一个风匣名单头。抖空竹时双臂用力、反复开合,有益于增强肺活量和锻炼臂力,因此,空竹也是一种饶有趣味的健身玩具。

古代兵器

中国古代有"十八般武艺"之说,其实是指十八种兵器。至于究竟是哪十八种,因为年代、地区和流派的不同,解说各异。综合历代"十八般武艺"的内容,删去重复,共包括下述种目。

抛射兵器:弓、弩、箭矢、铳。

长兵器:戈、矛、枪、棍、殳、杵、杆、杖、棒、斧、铙、戟、大刀、把头、挝、铲。

短兵器:剑、短柄刀、鞭、锏、钩、镰、锤、拐、环。

软兵器:链、流星、绵绳、套绳。

历代"十八般武艺"所指的这些种目,基本反映了中国古代兵器的概貌,但并未包括兵器全部。例如,抛射兵器中还有飞刀、袖箭等等;长兵器中还有抓子棒、三尖两刃刀等抓棒合体或由刀、锤等器加长柄杆而改制成的兵械;短兵器中还有橛、鞭杆,以及匕首、鸳鸯铙、阴阳锐、状元笔、铁尺等短小兵械;软兵器中还有绳镖、三节棍、飞挝等等。实际上,中国古代兵器总数恐不下百种。

《骑射图》砖画，纵 71 厘米，横 36 厘米，甘肃嘉峪关市新城 5 号魏晋墓出土

抛射兵器

弓箭与弩。弓箭的起源很早，这与先民的狩猎活动有关。早期的弓箭很难留存，由于弓体、箭干是以竹、木制成，极易腐烂，所以在新石器时代和夏代遗址的发掘中，还一直没有获得过完整的标本。而石镞、骨镞和青铜镞则易留存，考古中也多有发现。从镞的形制和材料上可以看出，从新石器时代晚期经夏商到春秋，弓箭一直在不断改进。

狩猎是古代人生活的重要组成部分，多数兵器的发明，都来自狩猎生活。

弓由有弹性的弓臂和有韧性的弓弦构成；箭包括箭头、箭杆和箭羽。箭头为铜或铁制，杆为竹或木质，羽为雕或鹰的羽毛。

唐代章怀太子墓的《狩猎出行图》

古人的生活

弩由弓发展而来,是中国古代一种装有控制装置、可待机发射的远射兵器。弩由弩弓、弩臂、弩机三部分组成。弩机由青铜或铁制成,包括牙、牛、悬刀三部分。汉代的弩在弩机外面加装了一个青铜机匣,称为"郭",可以承受更大的张力。另外,汉弩在用于瞄准的"望山"上增设刻度,相当于现代步枪的标尺,提高了命中率。

弓是步骑通用的,而弩只能步兵使用,因为弩一般要用脚力张开弩,故射程也远。但弩的射击频率较低,从敌骑兵

《狩猎图》,莫高窟 249 窟西魏壁画
画面描绘两名猎者骑马奔驰,前一人拉满弓回身射一猛虎,后一人正追猎三只黄羊。背景画山峦树木,并画有青龙、白虎,以及神话中的东王公、西王母。线条活泼流畅,动势夸张,画面有强烈的动感。这是一幅古代西北地区游牧生活的生动写照

进入射程到短兵相接,只能发弩三四次,所以宋代军队设张弩人、进弩人、发弩人,以用来减短发箭间歇。

古代的弩种类很多,最突出的有两种,一为床子弩,二为神臂弓。

床子弩是一种重武器,是依靠几张弓的合力将一支箭射出,往往要几十人拉弓才可拉开,射程可达500米,属于古代的远程武器。

宋代三弓床弩复原示意图

清代《康熙南巡图》(局部),图中有两名手持弓箭的射手

东汉弩机,青铜铸造,部分饰有错金云纹和菱形纹

古人的生活

河南登封少林寺白衣殿壁画《十三棍僧救唐王》(局部)

长兵器

在古代兵器库中最常见的长兵器是枪、棍、大刀三种。枪被誉为"百器之王"。俗语说"枪扎一条线",要求扎出平直,即所谓"中平枪,枪中王,当中一点最难防"。枪法以拦、拿、扎为主,兼有劈、崩、挑、拨、带、拉、圈、架诸法。宋代名将岳飞、杨再兴均是枪术名家。

棍是历史最悠久的长兵器,最早被叫作"殳"。棍有多种,从形制上分,有长棍、齐眉棍、三节棍、梢子棍等;从质地上分,有木棍、铁棍、铜棍等,以木棍最常见。早期的棍多以枣木制成,取其坚实沉重。后来改白蜡杆,取其有韧性,较轻便。棍法以威猛快速为上,多有旋扫及舞花动作,打击空间较大,故称"棍打一大片"。少林棍、昆吾棍都是著名的棍法。

达摩来少林之后,少林寺从译经寺变成了禅修之地,五代十国时,高僧福居邀集18家武术名手来少林寺学习演练3年,各取所长,汇集成少林拳谱。少林僧兵,起初只是一个为维护寺院不受战乱侵扰而建立的武装组织。传说少林十三棍僧曾救过唐王。自唐朝始，少林武艺渐为天下追捧。

大刀，是将刀身后装上长柄，又名"春秋大刀""偃月刀""长刀"。唐代大刀全长达3米，重7.5千克，两面有刃，称为"陌刀"，当时军中专门组建有陌刀队。另有一种朴刀，其刀柄比大刀的短些，刀身窄长，也是双手使用。

戈，是用于钩杀和啄击的冷兵器，由戈头和柄组成。戈头多为青铜铸造；柄多为竹、木制作，长度通常为1米左右，最长超过3米。戈盛行于商代至战国时期。商周凡与战争有关的象形文字均从戈，如"武""战""伐""戎"等。关于戈的起源，一般认为其是由镰刀类工具演化而来。青铜时代，戈成为军中必备的主要兵器。之后由于青铜戟的使用日渐普

早已经消失的兵器：春秋青铜戈

中国古代兵器中最有名的刀：关刀

古人的生活

西汉虎猪銎戈，长 24.5 厘米。1956 年云南晋宁石寨山出土，云南省博物馆藏

扁圆銎，饰圆圈纹、双旋纹及云纹、齿纹图案。銎背铸一虎及一猪，相向蹲立，张口欲噬。虎与猪下有二蛇，首尾相绕

西汉吊人铜矛，云南省博物馆藏

此件吊人铜矛，高 30.5 厘米。在矛身基部的折角处，通过两个穿孔，各吊着一个约 3 厘米的铜雕人物。他们形象一致，全身赤裸，脊背弯曲，双腿悬垂，双手背剪，手腕被拴系着，将整个身体悬吊起来。整个画面表现出悲怆与恐怖的气氛

遍，戈的地位有所下降。直到战国晚期，铁戟逐渐取代了青铜戟，同时也逐渐淘汰了青铜戈。因此戈这种盛行于青铜时代的兵器，到西汉以后已绝迹。

矛，主要功能是刺击，由矛头、柄组成，它与戈、戟、殳、弓矢并列为"五兵"。在原始社会，人们把长木棒的尖端削磨成尖锐的"锋"，用来扎刺鱼、兽，这大概就是矛的前身。后来，人们开始用石头打制成石矛头，用兽骨磨制成骨矛头，绑缚在长木柄上，这就大大提高了矛的刺杀效率。早在商代已出现了青铜矛头，并且大量地用于战争。战国时期出现了铁矛。铁矛头比铜矛头体长，

而且十分锋利。

长矛是人们所熟悉的一种古代冷兵器。矛随着古代战争方式由车战到骑战再到步战的演变推进，可谓是"三代元老"。楚汉相争时，项羽横"矟"跃马，矟就是一种长矛。三国时张飞用"丈八蛇矛"，这都说明在冷兵器时代，矛为武将们得心应手的一种利器。但长矛刃部较长，刺杀不够灵便，所以唐代以后逐渐被枪所取代。

在早期兵器中，以俘虏、降敌作为装饰题材是一种十分常见的现象。除兵器外，著名的石雕"马踏匈奴"等雕塑也是类似题材的表现。

短兵器

所谓短兵器，是指其长度一般不超过常人的眉际，分量较轻、使用时常单手握持的兵器。最常见的短兵器是刀和剑。

剑为双刃，以撩刺为主，风格轻灵潇洒。剑在古代不仅用于作战、防身，也是古人雅爱的佩饰武器。在周、秦、汉、唐的2000多年间，一直盛行佩剑之风。王公贵族不仅以佩剑来体现尚武之风，更以佩剑显示威仪和富贵。西周到春秋，腰间悬剑是身份地位的象征。

战国时期，因诸侯国国君重视佩剑，佩剑之风更加盛行。魏国由于国王及丞相好剑，所以不论文官武将入朝奏事都要佩剑，有些文官没有剑也必须借一把挂在身上。"服文采，

春秋战国时的剑

图像里的中国 TUXIANG LI DE ZHONGGUO
古人的生活

战国青白玉谷纹剑首，1976年西安市未央区汉墓出土
共两件，一件直径4.1厘米，厚1厘米；另一件直径5.7厘米，厚1.7厘米

战国玉剑和御用长剑
战国时期玉剑，长33.6厘米，宽5.1厘米，厚0.5厘米，湖北省博物馆。1978年湖北省随县曾侯乙墓出土。此器模拟玉具剑形制，连鞘体也以玉制成，多节连缀，非常罕见

带利剑"，是贵族的标志。

佩剑在一些朝代中还作为成人礼，《史记》载"始皇九年四月己酉，加冠带剑"，把"加冠"和"带剑"相连。《晋书》记载："汉制，天子至于百官无不佩剑。"晋代竟然还有用木剑、玉剑代替铁剑作佩饰。《隋书》记，隋统一全国后，舆服制度中规定按官品佩剑：一品官，玉具剑，即剑首和剑柄部分用玉制成的剑；二品官，金装剑；三品官，银装剑；侍中以下、通直郎以上，陪侍天子带象剑，即以木仿制的假剑。唐代大体沿袭隋制。岑参《和贾至舍人早朝大明宫之作》写道："金阙晓钟开万户，玉阶仙仗拥千官。花迎剑佩星初落，柳拂旌旗露未干。"生动描绘了朝廷上剑佩铿锵的场面。

剑在不同的时期有不同的佩带方法。起初因为剑短，而直接插于腰带上，或身左，或身右，或在身后。后来由于剑体的逐渐加长，便改为另佩剑带了。后来的玉具剑用的是璲

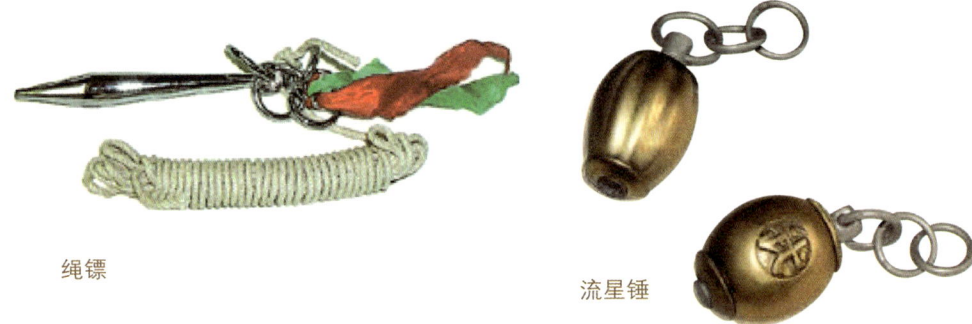

绳镖　　　　　　　　　流星锤

式佩剑法，即通过剑鞘上的鼻钮系佩。秦始皇陵出土铜马车的驭手身上都配有剑，而且都是璏式佩剑的方法。有的剑在剑柄上配有剑穗（又称"剑袍"），称为"文剑"。无剑穗的剑称为"武剑"。剑穗长者较为难练。有人又在剑穗上串有铁珠，随剑穗飞舞，可击人致伤。

软兵器：绳镖、流星锤、软鞭等。

绳镖是在钢镖尾部系一长索，绳镖是用臂腕的抖甩之劲将镖发出的武器，可击较远之敌，发出后又可立即收回。

流星锤是一种以绳索一端系住锤体，另一端握于手中，用力向目标抛击的武器。流星锤是由远古狩猎工具"流星索"发展而来。流星锤不仅能缠住对方，还可以打击对方。流星锤分锤体、软索、把手三部分。锤头各异，有浑圆形、瓜形、梭形。运动方法有缠、抛、抢、扫等。

古代兵器见证了社会生产力的发展，也见证了社会历史的变迁。

北宋时期，火药开始用于兵器，南宋时候出现了竹筒火器。清朝末年，开始引进西方枪械以后，中国古代兵器的历史就结束了。

传统节日

《百子图龙灯胜会》，上海图书馆藏

节日的形成是一个民族历史积淀的过程。中国人在漫长的农耕文明中，为适应生产生活的需要，逐渐形成了丰富多彩的节俗文化，如农事节、祭祀节、纪念节、庆贺节等。这些节日反映着人们的生活方式、心理特征、审美情趣和价值观念等。

除夕和春节

农历正月初一是古代的新年，又称新正，今天称之为春节。春节节日面貌基本上形成于宋代，那时春节就已成为自腊月廿四日至正月十五日元宵节、持续近一个月的综合性的节日。

年的定型

"年"，既是时间概念，也是计时单位。中国人最初对年的认识和把握，完全源自原始的天象观察和累年的农业生产实践活动。

甲骨文中的"年"字，是果实丰收的形象。

古籍中，对"年"的说明是"谷熟也"。收获五谷称"有年"，丰收称"大有年"，亦称"丰年"。据记载，早在西周初年人们就开始了一年一度的庆丰收活动。但先秦时代由于历法的变化，这种庆丰年活动并没有一个固定的日子。因为历史上每个新政权建立之初，都要通过改正朔、定历法等方式，来表示革故鼎新的姿态，希望通过变革历法，达到政治统一的目的。

夏代的历法以现在农历的正月为岁首，商代以农历十二月为岁首，周代以十一月为岁首，秦代以农历的十月为岁首。汉初仍沿用秦历。自从汉武帝改《颛顼历》做《太初历》之后，中国民间一直以夏历为准，正月初一即为新年。

新年的名称有不少变化。古时曾称过"上日""元日""朔旦""元正""正旦""正朝""三元"（岁、月、日之元），后世逐渐称元旦。自采用公历后，公历的1月1日也是元旦，一年之内不能有两个"元旦"，于是把农历的元旦称为"春节"。

除夕逐傩

这是旧年最后一天举行的驱逐鬼出门的一种仪式。自先秦开始盛行的这种形式，不仅流行于民间，汉代的宫廷中这

知识窗

年兽的传说

中国人为什么喜欢红色?春节的时候为什么要放爆竹?为什么管春节叫"过年"?为什么除夕夜要守岁?

这些习惯的源头,各地有各地的说法,但以"年"为怪兽说,流传最广。

相传在远古的时代,有一种名为"年"的怪兽,十分凶猛,平时以捕猎各类动物野兽为食物。但到了冬天,食物短缺,"年兽"便下山骚扰百姓,捕食家畜家禽,甚至连人也吃。

时间长了,人们逐渐发现"年兽"有三怕:一怕红色,二怕火光,三怕响声。

这年冬天,"年兽"又进村了,见家家门前都贴着红色的对联,院子里燃烧着盆火,还有不停的响声,吓得掉头就跑,以后再也不敢出来危害百姓了。

第二天天一亮,人们见面后互相恭喜,且杀猪宰羊、张灯结彩、饮酒设宴来庆祝。从此,每到冬天的这个时间,人们就如此这般一番。

《傩公傩母》

种驱鬼逐疫仪式也非常隆重而盛大。

傩是中国古代驱除瘟神的巫术,大傩则是在年终举行的最隆重的、涉及范围最广的傩仪。一般认为傩仪的起源与旱灾、疾病有关。傩队中包括钟馗小妹、土地、灶神等。

唐代出现了可能是灶王夫妇前身的"傩公傩母"。宋代以前的民间傩仪,村人集中在一起,击腰鼓,扮成金刚力士以驱瘟逐疫。从中可以看到明显的佛教影响。

总之,唐宋时期,除夕逐傩仪式逐渐演变为一种汇集各种表演形式的"傩戏",即文艺汇演。

传统节日

2006年，北京的专家在贵州安顺市附近考察时发现，这里聚居着一支与众不同的汉族群体——屯堡人。专家称，屯堡是汉族文化的"活化石"，是世界上最后的明代古村。在屯堡，流传着一种别具一格的戴着面具表演的传统地方戏，根据戏剧专家分析，它是戏剧活化石——傩的遗存，也有可能就是京剧最古老的根源

贴门神、对联

大傩之后，逐去旧鬼，迎入新神，为防止旧鬼扰害，人们创造出门神。

中国人过春节时家家户户都要供门神。所谓"供"，就是买两张门神画像分别贴在两扇大门上。关于门神的由来，有两种说法。

一说是神荼、郁垒。在中国古代神话中，相传有一个鬼蜮世界，在那里夜晚出去游荡的鬼魂必须在清晨金鸡报晓时赶回鬼蜮，把守鬼蜮大门的两个神人名叫神荼、郁垒。如果鬼魂在夜间干了伤天害理的事情，神荼、

宋《大傩图》，击鼓舞蹈，戴面具的人们尽量制造出各种噪音，在除夕夜闹个天翻地覆，以达到驱鬼除瘟的效果

139

古人的生活

《神荼和郁垒》

《门神秦叔宝和尉迟恭》

郁垒就会立即发现并将它捉住，用芒苇做的绳子把它捆起来，送去喂虎。因而天下的鬼都畏惧神荼、郁垒。于是民间就把桃木刻成他们的模样，放在自家门口，以驱恶避邪。后来，人们干脆在桃木板上刻上神荼、郁垒的名字，认为这样做同样可以镇邪去恶。这种桃木板后来就被叫作"桃符"。

《龢丰协象·春帖佣书》，清代黄钺绘，描绘春节期间家家户户贴春联的景象

一说是唐代的秦叔宝和尉迟恭（敬德）。据记载：有一阶段唐太宗李世民晚上常听到屋外有鬼魅呼叫，弄得后宫夜夜不宁。大将秦叔宝闻后说："臣戎马一生，杀敌如切瓜，收尸犹聚蚁，何惧鬼魅？臣愿同敬德披坚执锐，把守宫门。"李世民同意。当夜果然无事。自此以后，便让二将夜夜守卫。后来李世民觉得两人太辛苦，便命画工绘制两人像悬挂在门口，邪祟从此便绝迹了。上有所好，下必效仿，于是门神就传到了民间，至今民间所贴门神还有秦琼、敬德的形象。

到了宋代，人们便开始在桃木板上写对联，一则不失桃木镇邪的意义，二则表达自己美好心愿，三则装饰门户，以求美观。又在象征喜气吉祥的红纸上写对联，新春之际

清代《新年风俗图》

贴在门窗两边,用以表达人们祈求来年福运的美好心愿。

春联真正普及始于明太祖朱元璋统治时期。据载,有一次准备过年时,朱元璋下令每家门上都要贴一副春联,以示庆贺。此后,过年贴春联在民间蔚然成风,逐渐地也使春联由题写在桃木板上改为写在纸上。桃木的颜色是红的,红色有吉祥、避邪的意思,因此春联大都用红纸书写。

天津杨柳青年画

贴年画

年画，也和春联一样，起源于"门神"。随着木板印刷术的兴起，年画的内容已不仅限于门神之类，而渐渐把财神请到家里，进而在一些年画作坊中产生了《福禄寿三星图》《天官赐福》《五谷丰登》《六畜兴旺》《迎春接福》等彩色年画，以满足人们喜庆祈年的美好愿望。

因明太祖朱元璋提倡春节贴春联，年画也随之盛行开来，全国出现了年画三个重要产地：苏州桃花坞、天津杨柳青和山东潍坊，形成了中国年画的三大流派。

贴福字

每逢春节，中国人家家户户都要在屋门上、墙壁上、门楣上贴上大大小小的"福"字。春节贴"福"字，是民间由来已久的习俗。据《梦粱录》记载："岁旦在迩，席铺百货，画门神桃符，迎春牌儿……"；"士庶家不论大小，俱洒扫门闾，去尘秽，净庭户，换门神……贴春牌，祭祀祖宗"。文中的"贴春牌"就是指的在红纸上写"福"字。

"福"字倒贴的传说

民间传说明太祖朱元璋当年准备杀人，之前用"福"字作暗记，凡是在门前贴有福字的人家将免于处死。好心的马皇后为消除这场灾祸，令全城大小人家必须在天明之前在自家门上贴上一个"福"字，有户人家不识字，竟把"福"字贴倒了。皇帝得知后大怒，立即命令御林军把那家满门抄斩。马皇后一看事情不好，忙对朱元璋说："那家人知道您今日来访，故意把福字贴倒了，这不是'福到'的意思吗？"皇帝一听有道理，便下令放人。从此人们便将福字倒贴，一求吉利，二为纪念马皇后。

古人的生活

明代《明宪宗行乐图》，描绘了明朝宫廷内佳节燃放烟火的情景

"福"字现在的解释是"幸福"，而在过去则指"福气""福运"。春节贴"福"字，寄托了人们对幸福生活的向往，也是对美好未来的祝愿。民间为了更充分地体现这种向往和祝愿，干脆将"福"字倒过来贴，表示"幸福已到""福气已到"。

放爆竹

当午夜交正子时，新年钟声敲响，整个中华大地上空，爆竹声震响天宇。在这"岁之元、月之元、时之元"的"三元"时刻，有的农户人家还在小院里垒"旺火"，以示旺气通天。在旺火周围，孩子们放爆竹。

据《神异经》载，西方山中有山臊，怕竹子爆声。于是人们烧竹子来赶走它。

宋代王安石诗："爆竹声中一岁除，春风送暖入屠苏。千门万户曈曈日，总把新桃换旧符。"

南宋出现用草纸裹火药扎成卷形的爆仗。《武林旧事》："至于爆仗……内藏药线，一热连百余不绝。"此指用药线串在一起的鞭炮。

明代黎淳有《爆竹》诗："自怜结束小身材，一点芳心不肯灰。时节到来寒焰发，万人头上一声雷。"所咏的是"升天雷"，北方称为"二踢脚"。

拜年和投刺

放完爆竹，接着是拜天地，祭祖先，然后是拜年。

新年的初一，吃过早餐，男女老少一起穿新衣、戴新帽、着新鞋，去向宗族里的尊长拜年。拜过尊长，平辈互拜，进这家出那家。有的是同事相邀几个人去拜年；也有大家聚在一起相互祝贺的，称为"团拜"。古代要数宫廷里的团拜规模最大，各级官府也有团拜。

清代董棨绘《太平欢乐图》：除夕欢乐图

知识窗

古代的贺年片："投刺"

由于登门拜年费时费力，后来一些士大夫便发明了"贺年片"。贺年片肇始于先秦时期，因为纸尚未发明，就用竹木削成条刺写上贺词，称为"刺"。致送贺年片，叫作"投刺"。

宋代，名士家门前贴一红纸袋，上写"接福"，即承放名刺之用。《清波杂志》载："元祐年间，新年贺节，往往使用佣仆持名刺代往。"到明代仍然如此。清代也是"片子飞，空车走"。现代的贺年片、贺年卡，可以说是其遗风。

古人的生活

清代董棨绘《太平欢乐图》：元宵灯市

春节拜年时，晚辈要先给长辈拜年，长辈将事先准备好的压岁钱分给晚辈。清代流传一首《压岁钱》诗："百十钱穿彩线长，分来再枕自收藏。商量爆竹谈箫价，添得娇儿一夜忙。"诗中娇儿得压岁钱的形态，很是可爱。民间传说，压岁钱可以压住邪祟，因为"岁"与"祟"谐音，晚辈得到压岁钱就可以平平安安度过一岁。

春节是个亲人团聚的节日，离家的孩子这时要不远千里回到父母身边，全家人要围坐在一起包饺子，吃团圆饭。饺子的做法是先和面，"和"字就是"合"，饺子的饺和"交"谐

音,"合"和"交"又有相聚之意,所以用饺子来象征团聚。节日喜庆气氛要持续一个月。正月初一前有祭灶、祭祖等仪式;节中有亲朋好友拜年等典礼;节后半月又是元宵节,这时花灯满城,游人满街,盛况空前;元宵节过后,春节才算结束了。

闹元宵

正月是农历的元月,古人称夜为"宵",正月十五日是一年中第一个月圆之夜,所以称正月十五为元宵节。元宵也是一元复始,大地回春的夜晚,人们对此加以庆祝,也是庆贺新春的延续。

元宵节又称为"上元节"。在汉代,道教笃信"三元神",其中包括"上元天官(天官大帝)"、"中元地官(地官大帝)"及"下元水官(水官大帝)"三位神灵,他们的生日,分别为正月十五、七月十五及十月十五,所以正月十五又称为"上

明代《明宪宗行乐图》:正月十五观花灯

《闹元宵图》，清代管希宁绘

元节"。

  元宵节也称灯节。东汉时期，佛教从印度传入中国，汉明帝为弘扬佛法，下令正月十五在宫廷和寺院"燃灯表佛"。

  中国古代实行宵禁制度。汉代皇帝特许，正月十五和前后两晚弛禁，允许百姓观灯。

  元宵节最主要的景观是放灯。从朝廷到庶民都制作各式花灯挂在门口街旁。

  唐玄宗先天二年（713）正月十五，在安福门外制作一巨型灯轮，高达 60 多米，悬挂花灯 5 万盏，灯下还有数千名宫女轻歌曼舞。

近人吴友如绘《迎紫姑神》：正月十五上海妓院迎紫姑神（厕神）的情景

宋代更重视元宵节，将唐代"上元前后各一日"的放灯时间，增至正月十八，正月十三日为"上灯夜"，十八日为"落灯夜"，期间为"灯节"。灯节期间，有的地方行灯会、演"灯头戏"。灯的花样纷呈，较多者为兔灯，意示玉兔伴着月宫（广寒宫）嫦娥，以地上的兔灯和"玉兔东升"相呼应，以慰其寂寞。

正月十四夜，有的地方有"照蛇虫"习俗，儿童手提纸灯遍照屋角、墙脚、灶下等阴暗处，有的手持小铜锣，边敲打边吆呼，并在田头烧野草"驱邪"，俗叫"驱煌虫"。这是岁时习俗和农业生产除虫害相结合的一种习俗。

明代连续赏灯10天，这是中国最长的灯节了。清代赏灯

新莽墓室壁画：《勾芒图》
勾芒为春神，即草木神和生命神。勾芒的形象是人面鸟身，执规矩，主春事

活动虽然只有3天，但是赏灯活动规模很大，盛况空前，除燃灯之外，还放烟花助兴。

元宵节活动很多，其中民间最重要的习俗是吃元宵。宋代，民间即流行一种正月十五吃元宵的习俗。元宵作为食品，最早叫"浮元子"，后称"元宵"，生意人还美其名曰"元宝"。元宵即"汤圆"，以白糖、玫瑰、芝麻、豆沙、黄桂、核桃仁、果仁、枣泥等为馅，用糯米粉包成圆形，可荤可素，可煮可炸，风味各异。

一些地方还有"走百病"的习俗，又称"烤百病""散百病"，参与者多为妇女，她们结伴而行或走墙边，或过桥，或走郊外，目的是祛病除灾。

随着时间的推移，元宵节的活动越来越多，不少地方节庆时增加了请紫姑神、猜灯迹、耍龙灯、耍狮子、踩高跷、划旱船、扭秧歌、打太平鼓等传统民俗表演。因此，人们习惯上将元宵节期间的一系列活动称为"闹元宵"。

迎春神——立春

中国以农立国，农业生产季节性极强。为了不误农时，立春这天，皇帝也要走出皇宫，举行耕田典礼，以示春耕即将开始。民间还有迎春神、咬春等庆祝活动。

迎春神，是中华先民从天子到庶民都要参加的一项活动，早在3000多年前的周代就有记载了。相传早在周朝，周天子就命地方官员在立春这一天举行仪式，焚香拜祭，并让侍从打扮成勾芒之神，用鞭抽打土牛，劝乡民努力耕作。

历代皇帝都很重视农耕仪式。西汉文、景二帝率领群臣举行隆重的鞭春牛仪式，并亲自开耕，以表示对农业的重视。到明清时期，仪式更为盛大。在立春前一天，大小官员都要身穿红色官服，锣鼓喧天迎接勾芒神和土牛，然后在立春当天抬到皇宫，向皇帝祝贺新春，再进行鞭春牛仪式。

在民间，也流行鞭打春牛的活动，有些地方的鞭春牛活动还有一定巫术意义。在鞭牛仪式上，村民要向土做的春牛叩头。拜毕，拜者一拥而上，将春牛弄碎，抢春牛泥土回家，撒在牛栏内。他们相信，经过迎春仪式的春牛土，撒在牛栏内可以促进牛的繁殖。

《龢丰协象·土牛鞭春》，清代黄钺绘

古人的生活

"二月二，龙抬头"

龙在中国古代被视为威力最大的动物神，它可兴云布雨、滋生万物。民间传说，每年农历二月初二，是天上主管云雨的龙王抬头的日子，从此以后，雨水会逐渐增多起来。所谓"龙抬头"指的是经过冬眠，百虫开始苏醒。所以俗话说"二月二，龙抬头，蝎子、蜈蚣都露头。"因此，这天也叫"春龙节"。

俗话说"龙不抬头天不下雨""春雨贵如油"，人们祈望龙抬头兴云作雨，滋润万物。同时，二月二正是惊蛰前后，百虫蠢动，疫病易生，古代中国人把生物分成毛虫、羽虫、介虫、鳞虫和人类五大类。龙为鳞虫之长，龙醒百虫藏。所以，农历二月初二龙抬头，是希望借龙威以慑服百虫，目的在于祈求农业丰收与人畜平安。

春龙节这天，中国北方家家户户起早到井边或河边挑水，

南宋陈容《云龙图》　　清代缂丝九龙通景图轴

回到家里烧香、上供。旧时，人们把这种仪式叫作"引田龙"。这一天，其他习俗也很多，起床前，先念"二月二，龙抬头，龙不抬头我抬头"；起床后，还要打着灯笼照房梁，边照边念"二月二，照房梁，蝎子、蜈蚣无处藏。"有的地方妇女不动针线，怕伤了龙的眼睛；有的地方停止洗衣服，怕伤了龙皮，等等。

二月二这一天的饮食多以龙为名。吃春饼叫"吃龙鳞"，吃面条叫"扶龙须"，吃馄饨称为"吃龙眼"，吃饺子名曰"吃龙耳"。这一切都是为了唤醒龙王，祈求龙王保佑一年风调雨顺，获得好收成。

在众多的食俗活动中，这天摊煎饼和吃炒豆的人最多。民间认为，这一天是东海龙王的生日，煎饼是龙王的胎衣。吃煎饼，是为龙王嚼灾；扔煎饼，是为了掩埋龙王的胎衣。

清明节的由来与传说

清明最开始是一个很重要的节气，清明一到，气温升高，正是春耕春种的大好时节，故有"清明前后，种瓜种豆""植树造林，莫过清明"的农谚。后来，由于清明与寒食的日子接近，而寒食是民间禁火扫墓的日子，渐渐的，寒食节与清明节气就合二为一了，即寒食节的习俗，如不动烟火，吃冷食就成为清明节的习俗了。

寒食节大约始于周代。相传春秋战国时代，晋献公的妃子骊姬为了让自己的儿子奚齐继位，设计逼死了太子申生。申生的弟弟重耳，也被迫流亡出走。流亡期间，重耳受尽了屈辱。原来一道出奔的臣子也大多各奔前程了，只剩下几个人相伴左右，其中一人叫介子推。有一次，重耳因饥饿晕了过去，介子推从自己腿上割下一块肉，用火烤熟了给重耳吃。

古人的生活

《春游晚归》（局部），明代，仇英绘

夜幕低垂，主仆四人春游归来。主人骑马，仆人抱琴、担书、叩门。全幅充满着优雅、闲适的情调

介公祠

19 年后，重耳归国当上了国君，就是后来的春秋五霸之一的晋文公。

　　晋文公一即位，立即对跟随他流亡的臣子大加封赏，却忘了介子推。有人在晋文公面前提起介子推的忠诚。晋文公猛醒，马上差人去请，几次均遭介子推婉拒。晋文公只好亲自来到介子推家，介子推闻听晋文公来了，背起老母躲进了绵山（今山西介休市东南）。晋文公命令御林军搜山，结果没有找到。于是，下令放火烧山，三面点火，留下一面，逼介子推走下山来。大火烧了三天三夜，山都烧秃了，也不见介子推出来。上山一看，介子推母子俩抱着一棵烧焦的大柳树已经死了。

图像里的中国 TUXIANG LI DE ZHONGGUO

古人的生活

绵山，为太行山支脉，位于山西介休县城东南20千米处，海拔高度2440米，以其形势绵亘而得名。绵山山势巍峨，起伏绵亘百余里

为了纪念介子推，晋文公下令把绵山改为"介山"，在山上建立祠堂，并把放火烧山的这一天定为寒食节，晓谕全国，每年这天禁忌烟火，只吃寒食。

临走时，他伐了一段烧焦的柳木，到宫中做了双木屐，每天望着它叹道："悲哉足下。""足下"是古人下级对上级或同辈之间相互尊敬的称呼，据说就是来源于此。

第二年，晋文公率领群臣登山祭奠，行至坟前，看见去年烧焦的那棵老柳树复活了，晋文公掐下几条柳枝，编了一个圈儿戴在头上。祭扫后，晋文公把复活的老柳树赐名为"清明柳"，又把这天定为清明节。

《清明赏春图》，清代

寒食节的主要特点有两个：一是禁火、吃冷食，二是附会性地纪念介子推。逐渐该节日增添了扫墓和游乐的习俗，也就慢慢转化成了后来的清明节。

清明节的习俗是丰富有趣的，除了讲究禁火、扫墓，还有踏青、荡秋千、蹴鞠、打马毬、插柳等一系列风俗体育活动。

《仕女图——蹴鞠》，明代，杜堇所绘

相传这是因为清明节要寒食禁火，为了防止寒食冷餐伤身，所以大家要参加一些体育活动。

鞠是一种皮球，球皮用皮革做成，球内用毛塞紧。蹴鞠，就是用足去踢球。这是古代清明节时人们喜爱的一种游戏，相传是黄帝发明的，最初目的是用来训练武士。

放风筝（纸鸢），也是清明时节人们所喜爱的活动。古人认为清明的风很适合放风筝。在那时候，放风筝不但是一种体育活动，而且是一种巫术行为。古人认为放风筝可以放走自己的晦气。所以很多人放风筝时，将自己知道的所有灾病都写在风筝（纸鸢）上，等风筝放高时，就剪断风筝线，让风筝（纸鸢）随风飘逝，象征着自己的疾病、晦气都让风

筝带走了。

寒食节时,文人们或思乡念亲,或借景生情,感慨尤多,咏者甚多。据查,关于寒食节的诗文仅《全唐诗》就有名人名家诗词 300 余首,宋金元词曲也有 100 余首,成为中国诗歌艺术中一枝奇葩。此外,寒食节时期还有赐宴、赏花、斗鸡、牵钩(拔河)、钻木取火、放风筝、斗百草等许多活动,极大地丰富了我国古代的社会生活。

端午节

端午节是农历五月初五,也叫"端阳""蒲节""天中节"。古人在这天以兰草汤沐浴,又称"沐兰节"。道教则称此日为"地腊节"(道教五腊节日:天腊节是正月初一日;地腊节是五月初五日;道德腊为七月初七日;民岁腊为十月初一日;王侯腊为十二月初八日)。明清时北京人又称端午为"女儿节""五月节"。它是各地风俗互相融合的产物,直到今天,仍有不同的地区特色。一般说来,北方起自五月是恶月,端午是驱邪避恶之日;南方起自越民族的龙图腾祭祀和龙舟竞渡。

至迟到战国时期,北方已把五月初五视为恶月恶日了。视五月为恶月也有一定道理。五月已进入夏季,也是毒虫的旺季,人们受伤后伤口易发炎。人们为了驱邪避害,产生了五月端午的种种风俗。

端午节小孩佩香囊,传说有避邪

清代董棨《太平欢乐图册》:端午食粽子

驱瘟之意。香囊内有朱砂、雄黄、香药，外包以丝布，清香四溢，再以五色丝线弦扣成索，作各种不同形状，多挂在儿童脖子上。

民谚说："清明插柳，端午插艾"。在端午节，人们把插艾和菖蒲作为重要内容之一。家家都洒扫庭除，把菖蒲、艾条插于门楣，悬于堂中，用以驱瘴。

艾，又名家艾、艾蒿。它的茎、叶都含有挥发性芳香油。它所产生的芳香，可驱蚊蝇、虫蚁，净化空气。菖蒲是多年生水生草本植物，叶片也含有挥发性

清代管系宁《钟馗图》

知识窗

钟馗

相传钟馗，唐代终南（今属陕西）人。他才华横溢，长得却奇丑无比。唐玄宗登基那年，他参加殿试，因考官以貌取人落选，钟馗一怒之下，撞殿柱而死，震惊朝野。

开元年间，唐玄宗卧病在床，睡梦中见一小鬼跑到宫内想要偷杨贵妃的香袋和玉笛，急命人抓住小鬼，这时出现了一位戴着破帽子、身穿蓝袍的壮士，满面胡须，头发蓬乱，问他是谁，他说是终南山道士钟馗，"誓为陛下除尽天下之妖孽"。皇帝醒后，病也很快痊愈了。唐玄宗即刻召见画师吴道子进宫，把梦境详述一遍，吴道子依梦绘成《钟馗捉鬼图》。

民间悬挂钟馗图，原来都在除夕，然而如今，却是在端午节画钟馗，或赠人、或自挂。这种改变源于乾隆22年，那年因瘟疫死了不少人，在无可奈何的情况下，只好将钟馗请出来施威捉鬼，此后逐年相沿成俗。

古人的生活

清代郎世宁《端午图》轴，图中的粽子、蒲草等物暗示此画是为中国的传统节日——端午节所绘

香囊

芳香油，是提神通窍、杀虫灭菌的药物。

可见，古人插艾和菖蒲是有一定防病作用的。端午节也是自古相传的"卫生节"，人们在这一天洒扫庭院，挂艾枝，悬菖蒲，洒雄黄水，杀菌防病。这些活动也反映了中华民族的优良传统。

钟馗捉鬼，是端午节习俗。在江淮地区，家家都悬钟馗像，用以镇宅驱邪。

中国古代崇拜五色，以五色为吉祥色。因而，节日清晨，各家大人起床后第一件大事便是在孩子手腕、脚腕、脖子上拴五色线。系线时，禁忌儿童开口说话。五色线不可任意折断或丢弃，只能在夏季第一场大雨或第一次洗澡时，抛到河里。据说，戴五色线的儿童可以避开蛇蝎类毒虫的伤害；把五色线扔到河里，意味着让河水将瘟疫、疾病冲走，儿童由此可以保安康。

为什么五彩丝线有这么大的威力呢？东晋葛洪的《抱朴子》中记述有一种将五色纸挂于山中，召唤五方鬼神的巫术，大概是以五色象征五方鬼神齐来护佑之意，源于我国古代的五行观念。

赛龙舟，是端午节的主要习俗。相传起源于古时楚国人因舍不得贤臣屈原投江死去，许多人划船追赶拯救，一直追到洞庭湖也不见踪迹。之后每年五月五日这天，人们划龙舟以示纪念。

清代《龙舟盛会图》（局部），故宫博物馆藏品

相关链接

牛郎织女的传说

相传在很早以前的一天，一群仙女飞落人间，有个叫牛郎的小伙子，在神牛的帮助下认识了七仙女——织女，二人互生情意。织女回到天庭不久，便偷偷下凡，做了牛郎的妻子。两人恩爱异常，并生下一对儿女，日子过得甜甜蜜蜜。

好景不长，王母娘娘闻知后，命天兵天将强行把织女带回天庭。牛郎挑着一对儿女，紧紧追赶，眼见就要追上了，王母娘娘拔下头上的金簪一挥，一道波涛汹涌的天河出现了，牛郎和织女被隔在两岸，哭声感天动地。

突然，千万只喜鹊飞来，用自己的身体瞬间搭成了一座鹊桥，牛郎织女得以相会，王母娘娘最后也只好让步，允许两人在每年七月初七这天相会一次。

七夕节

七夕节时是农历七月初七之夜,这是中国传统节日中最具浪漫色彩的一个节日,也是过去姑娘们最为重视的日子。它最早源于牛郎织女的神话传说。在《诗经》中已有关于牛郎星和织女星的记述,后来演绎成故事,并有了乞巧的习俗。

七夕节俗中最神秘的大概要算"夜半无人,天河私语"了。传说在七月初七的夜晚,抬头可以看到牛郎织女银河相会的美景;在瓜果架下,可听到两人在天上相会时的脉脉情话。

在这个充满浪漫的晚上,无数女孩在夜深人静的时刻,对着星空遥拜,乞求天神赋予自己织女般的聪慧与灵巧,能够得到一份牛郎般的执著与忠诚,并祈祷自己的姻缘美满。

有的地方在七夕夜有举办"拜织女"仪式的习惯。在月光下摆一张桌子,桌子上置茶、酒、水果、五子(桂圆、红枣、榛子、花生、瓜子)等祭品;又取鲜花几朵,束红纸,插瓶子里,花前置一个小香炉。参加拜织女的人,要斋戒一天,临前要沐浴,于案前焚香礼拜后,大家一起围坐在桌前,一面吃花生、瓜子,一面朝着织女星座,默念自己的心事。如少女们希望长得漂亮或嫁个如意郎、少妇们希望早生贵子等,都可以向织女星默祷。

七夕节:中国古代的情人节

《汉宫图》，南宋，无款，绢本设色，台北故宫博物院藏

有的地方乞巧方式很简单，陈列瓜果于桌上，若有喜蛛结网于瓜果之上，就意味着乞得巧了。这一习俗形成较早，大致于南北朝之时。五代王仁裕《开元天宝遗事》记载，七月七日夜晚，乞巧的人捉一蜘蛛，放在小盒里，第二天早上打开盒子，视蛛网稀密来判断是否乞得巧了。网密者得巧为多，稀者得巧为少。

还有的地方吃巧巧饭：7个同龄的女孩聚在一起包饺子，把一枚铜钱、一根针和一个红枣分别包到3个水饺里，传说吃到钱的有福，吃到针的手巧，吃到枣的早婚。

为了表达人们希望牛郎织女能天天过上美好幸福家庭生活的愿望，在江南农村，有的人家要在这天杀一只公鸡，意为这夜牛郎织女相会，第二天一早若无公鸡报晓，他们将永远不再分开。

古人的生活

在西南山区，传说七月七日早晨，仙女要下凡洗澡，喝得其澡水可避邪治病。此水名"双七水"，人们在这天鸡鸣时，争先恐后地去河边取水，取回后用新瓮盛起来，待日后使用。

直到今日，七夕仍是一个富有浪漫色彩的传统节日。但不少习俗活动已弱化或消失，惟有象征忠贞爱情的牛郎织女的传说，一直流传民间。

清代杨柳青"桂序昇平"年画，纵60厘米，横102厘米，此图表现了中秋节孩童拜兔爷儿的情景

中秋节

每年的农历八月十五这一天,是中国人以观月、赏月、吃月饼为主要活动的传统佳节——中秋节,也称仲秋节、团圆节等。八月为秋季的中期,而八月的三十天中,又是十五居中,所以称之为中秋节。在中国的农历里,一年分为四季,每季又分为孟、仲、季三个时段,因而中秋也称仲秋。此外,中秋之夜皓月当空,民间多于是夜合家团聚,故又称团圆节。

中秋节的起源

中秋节源自何时?有多种说法。民间流传极广的是源自汉代的嫦娥奔月的传说。今本《淮南子·览冥训》载"羿请不死之药于西王母,姮(嫦)娥窃以奔月",说的是嫦娥吃了她丈夫后羿从王母娘娘那里要来的不死之药,于农历八月十五之夜飞上天去,在月筑室为宫,遂为月神;后羿后悔不已,年年的八月十五夜,望月设供,祈望妻子返回人间与自己和儿女团聚,由此而衍生出后世民间祭月祈团圆的文化习俗。

民俗学家则认为,中秋节是古代先民敬月习俗的遗痕。《礼记》中有"天子春朝日,秋夕月。朝日以朝,夕月以夕"的记载,这里的"夕月"就是拜月的意思。《周礼·春官》载有"中秋夜迎寒""中秋献良裘""秋分夕月(拜月)"等内容。这表明周代对月亮的朝拜仪式开始岁时化,秋夕祭月已列入朝廷典章。唐时,中秋节成为固定的节日。《唐书·太宗记》中载有"八月十五中秋节"的字样。唐代《开元天宝遗事》一书中说:中秋夜,唐明皇备文酒之宴,偕杨贵妃与禁中诸学士在月下游玩儿,游到兴处,二人径自登入月宫,唐明皇还在月宫学得半部《霓裳羽衣曲》,后来补充完整,成为传世之作。唐明皇念念不忘这月宫之行,每年到此时刻,必要赏月一番。百姓也来效仿，月圆之时欢聚一堂，享受人间美景。久而久之，成了一种传统沿袭至今。

中秋赏月

由于中秋的月亮特别皎洁晶莹，因此赏月是节日必不可少的重要内容之一。据史料记载，宋代赏月已十分盛行，孟元老的《东京梦华录》就记载了当时北宋汴京中秋节的盛况："中秋节前，诸店皆卖新酒，重新结络门面彩楼花头，画竿醉仙锦旆。市人争饮……中秋夜，贵家结饰台榭，民间争占酒楼玩月……夜深遥闻笙竽之声，宛若云外。闾里儿童，连宵嬉戏。夜市骈阗，至于通晓。"明清之际，祭月、赏月之风，仍沿袭不断。北京的月坛，就是天子祭月的场所。《西湖游览

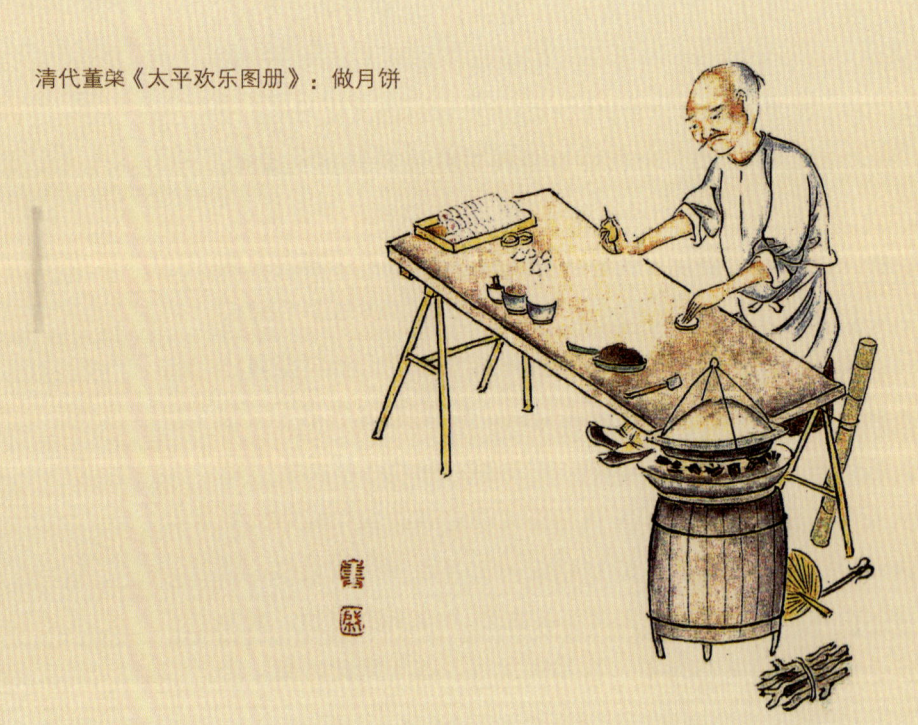

清代董棨《太平欢乐图册》：做月饼

志余》云："……是夕，人家有赏月之宴。苏堤之上，联袂踏歌，无异白日。"

吃月饼

随着中秋节的诞生，节日的专用食品——月饼也开始风行起来。俗话说"八月十五月正圆，中秋月饼香又甜"。中秋节吃月饼的风俗始于何时？在北宋以前的典籍中很难找到。直到宋代文学家周密在记叙南宋都城临安见闻的《武林旧事》中，才首次提到"月饼"。月饼明确地作为中秋节专用食物，并被赋予"团圆""和美"的美好意蕴，是在元代之后。明代田汝成《西湖游览志余》曰："八月十五日谓中秋，民间以月饼相遗，取团圆之义。"《明宫史》载，每年农历八月初一开始，"即有卖月饼者，至十五日，家家供月饼、瓜果"。中秋吃月饼在明代民间已逐渐流传，当时心灵手巧的饼师把嫦娥奔月的神话故事作为食品艺术图案印在月饼上，使月饼成为更受人们青睐的中秋佳节的必备食品。清代，月饼的制作工艺有了较大提高，品种也不断增加，供月月饼到处皆有。清人富察敦崇的《燕京岁时记》记载，清代前门致美斋制作的月饼为京都第一。

月饼与其他节日食品有所不同，如粽子、元宵等，不仅仅在端午节、元宵节食用，平时也可以吃。唯独月饼不是中秋前后，既无卖的，也无吃的。从这个角度讲，月饼是最具特定意义的节日食品。